D1725331

Strobel/Buch

Ortsanalyse
Arbeitsheft 1

Richard Strobel und Felicitas Buch

Ortsanalyse

Zur Erfassung und Bewertung historischer Bereiche

Arbeitsheft 1

Landesdenkmalamt Baden-Württemberg

Kommissionsverlag: Konrad Theiss Verlag, Stuttgart

CIP-Kurztitelaufnahme der Deutschen Bibliothek

Strobel, Richard:
Ortsanalyse : zur Erfassung u. Bewertung histor.
Bereiche / Richard Strobel u. Felicitas Buch. –
Stuttgart : Theiss, 1986.
    (Arbeitsheft / Landesdenkmalamt Baden-Württem-
    berg ; 1)
    ISBN 3-8062-0540-X
NE: Buch, Felicitas:; Baden-Württemberg /
Landesdenkmalamt: Arbeitsheft

Umschlaggestaltung: Erich Plöger, Frankfurt/M.,
unter Verwendung von zwei Abbildungen
des Landesdenkmalamtes Baden-Württemberg
(Fotos: I. Geiger, LDA). Die Bilder zeigen
Esslingen (links) und Vaihingen a. d. Enz-Roßwag.

© Landesdenkmalamt Baden-Württemberg, Stuttgart 1986
Alle Rechte vorbehalten
Kommissionsverlag:
Konrad Theiss Verlag GmbH, Stuttgart
Gesamtherstellung:
Süddeutscher Zeitungsdienst, Stuttgart–Aalen
ISBN 3-8062-0540-X
Printed in Germany

Inhalt

Vorwort

Bisher fehlte ein Medium, in dem ganz pragmatisch »aus der Praxis« der Denkmalpflege »für die Praxis« aller an der Erhaltung historischer Substanz Beteiligten informiert werden konnte. Dieser Kreis der Beteiligten ist sehr groß und hat sehr unterschiedliche Interessen. Dem soll die Themenvielfalt der neuen Reihe »Arbeitshefte« des Landesdenkmalamtes in aktueller Weise entsprechen. Sie werden Erkenntnisse und Erfahrungen aus der täglichen Arbeit der Inventarisatoren, Bauforscher, Konservatoren, Restauratoren, Architekten u. a. vermitteln.

Das erste Arbeitsheft ist der Erfassung und Bewertung historischer Bereiche gewidmet, deren Erhaltung und behutsame Weiterentwicklung seit einer Reihe von Jahren fester Bestandteil des Städtebaues ist. Historische Fragestellungen und Untersuchungsmethoden, die geeignet sind, den Umgang mit den Altstädten, den Dorfkernen und den Erweiterungsgebieten des 19. und des beginnenden 20. Jahrhunderts qualifizierter zu gestalten, sind im Städtebau jedoch noch weitgehend unbekannt. So geht trotz bester Absichten erhaltenswerter historischer Bestand durch Unkenntnis, fehlerhafte Einschätzung oder ungeeignete Behandlung nach wie vor ohne Not zugrunde.

Dieser Verlust an unwiederbringlichen Identifikations- und Orientierungswerten entsteht nicht nur dadurch, daß erhaltenswerte Gebäude abgebrochen werden, weil ihre geschichtliche, künstlerische oder städtebauliche Bedeutung verkannt wurde. Häufig werden die Besonderheiten historischer Bauten wie Konstruktion und Raumdisposition nicht in ausreichendem Umfang in Sanierungskonzepte einbezogen, so daß sich vorgesehene Nutzungen nicht mit dem Hausgerüst bzw. dem ursprünglichen Grundriß vertragen und nur mit weitgehenden Veränderungen realisierbar sind. Werden Befunde übersehen, in ihrer Bedeutung nicht oder nicht rechtzeitig erkannt, können auch behutsame Modernisierungs- und Instandsetzungsmaßnahmen zur Beseitigung wertvoller historischer Schichten führen.

Deshalb soll in diesem Heft gezeigt werden, wie durch eine historische Ortsanalyse die geschichtliche, künstlerische oder städtebauliche Bedeutung von Ortsteilen, Bauten, Straßen und Plätzen erfaßt und bewertet werden kann. Das Bundesbaugesetz benennt diese Eigenschaften als Gradmesser für die Erhaltungswürdigkeit historischer Bauten und Bereiche in den Grundsätzen der Bauleitplanung (§ 1 Abs. 6), die Landesbauordnung enthält sie im Katalog der Regelungsgegenstände für den Erlaß von Gestaltungssatzungen (§ 73 Abs. 1 Nr. 2). Die Gemeinden können Gesamtanlagensatzungen nach § 19 des Denkmalschutzgesetzes von Baden-Württemberg nur erlassen, wenn an der Erhaltung von Straßen-, Platz- und Ortsbildern aus wissenschaftlichen, künstlerischen oder heimatgeschichtlichen Gründen ein besonderes, also gesteigertes, öffentliches Interesse besteht. Erläutert wird deshalb vor allem auch, welcher strengere Bewertungsmaßstab an Gesamtanlagen im Verhältnis zu den übrigen erhaltenswerten Bereichen anzulegen ist.

Das Heft wendet sich an alle, die mit geschichtlich geprägten Baubereichen befaßt sind: kommunale Entscheidungsträger, Fachbehörden, Planer, Bürgerinitiativen, historische Vereine. Ausgangspunkt jeder Ortsanalyse ist als kleinstes Element das Haus. So finden auch Bauherren und Architekten Hinweise auf Methoden, mit denen das einzelne Gebäude auf seine historische Wertigkeit hin erforscht werden kann.

Hinter dem Arbeitsheft steht, wohlgemerkt, nicht die Vorstellung, daß historischer Bestand um jeden Preis zu erhalten sei nach dem Motto »Denkmalpflege über alles«. Daß eine gedeihliche Entwicklung der Städte und Dörfer ohne Eingriffe in diesen Bestand nicht erreichbar ist, weiß auch die Denkmalpflege. Es geht vielmehr darum, historische Untersuchungsmethoden für die Vorbereitung, Planung und Durchführung von Stadt- und Dorferneuerungsmaßnahmen anwendbar zu machen. Der Erneuerungsprozeß soll in vertiefter Kenntnis der geschichtlich geprägten Bauten und Bereiche so gesteuert werden können, daß sich die Verluste an erhaltenswerter Substanz unter Abwägung aller Belange so gering wie möglich halten lassen.

Die Stadt Konstanz mit Planungsamt, Vermessungs- und Liegenschaftsamt, Baurechtsamt, Rosgartenmuseum und Stadtarchiv hat die erbetenen Unterlagen großzügig überlassen. Gleiches gilt für die Stadt Weinstadt mit Stadtbauamt, Stadtplanungsamt, örtliche Verwaltungsstelle Strümpfelbach und Heimatmuseum Strümpfelbach. Für Hinweise und Hilfen ist zu danken Herrn Prof. Dr. H. Maurer, Stadtarchiv Konstanz, und den Kollegen des bayerischen und schleswig-holsteinischen Landesamtes für Denkmalpflege, Prof. Dr. T. Breuer, Dr. M. Mosel, München, und Dr. G. Kaster, Kiel.

Für Anregungen zu danken ist auch dem Innenministerium von Baden-Württemberg.

Prof. Dr. August Gebeßler
Präsident des Landesdenkmalamtes Baden-Württemberg

Einführung

1

Die gebaute Umwelt als Geschichtsquelle

Woran liegt es, daß uns Bauwerke, Stadt- und Dorfanlagen aus vergangener Zeit so reizvoll erscheinen, daß wir uns in ihnen geborgen und zu Hause fühlen? Sie sind abwechslungsreich, besitzen vielfältige Gestalt- und Nutzungsqualitäten und ermöglichen räumliche Orientierung. Diese Eigenschaften könnten aber auch neuen Siedlungen zugeschrieben werden. Alten Bauten und Bereichen ist ein weiteres entscheidenderes Merkmal zu eigen, das unverwechselbare Ortsindividualität begründet, identitätsstiftend wirkt: sie tragen eine geschichtliche Bedeutung. Als unwiederholbare, nicht vermehrbare Überreste abgeschlossener Geschichtsperioden sprechen sie aus ihrer vergangenen Zeit, ihrer alten Umgebung, ihrer ehemaligen Funktion heraus anschaulich zu uns. Sie sind, wie die Historiker sagen, »Quellen«, weil sich aus ihnen Kenntnisse und Erfahrungen schöpfen lassen.

Auf den Erfahrungsschatz, den historische Bauwerke, Stadt- und Dorfanlagen bereithalten, kann ohne Schaden für das gegenwärtige und zukünftige Leben, Wohnen und Wirtschaften nicht verzichtet werden. Für den in die Geschichte eingebundenen Menschen ist das »Bewältigen«, d. h. das Kennenlernen und Aufarbeiten seiner Herkunft, seiner Vergangenheit, von existentieller Bedeutung für die Gestaltung der Gegenwart und der Zukunft.

Die Echtheit der historischen Quellen, ihr dokumentarischer Wert, ist aber nur dann präsent zu halten, wenn die originale Substanz einschließlich ihrer geschichtlich sprechenden Veränderungen erhalten bleibt. Zugleich müssen geschichtlich geprägte Bauten und Bereiche genutzt werden können, um lebensfähig zu bleiben. Das bedeutet Anpassung an Bedürfnisse, die sich wandeln. Aus der Notwendigkeit, diesen konfliktreichen Prozeß so zu steuern, daß möglichst beiden Aspekten Rechnung getragen werden kann, entstanden der Denkmalschutz und die Denkmalpflege ebenso wie der Erhaltungsgedanke im Städtebau. Was ist ihnen gemeinsam, worin unterscheiden sie sich?

Denkmalschutz und Denkmalpflege

Der Auftrag von Denkmalschutz und Denkmalpflege richtet sich auf Sicherung, Tradierung und Vermittlung unserer gebauten historischen Vergangenheit, um der Gesellschaft Identifikations- und Fixpunkte zu bewahren. Denkmalschutz und Denkmalpflege

2

3

4

beschäftigen sich mit Objekten bzw. Bereichen, an deren Erhaltung aus wissenschaftlichen, künstlerischen oder heimatgeschichtlichen Gründen ein öffentliches Interesse besteht, und die deshalb als Kulturdenkmale bzw. als Gesamtanlagen im Sinne des Denkmalschutzgesetzes (DSchG) zu beurteilen sind.

Zu den Kulturdenkmalen gehören die auch gestalterisch herausragenden Bauten, die eine wesentliche Rolle in der Landes- oder Kunstgeschichte spielen (Abb. 1, Rastatter Schloß; Abb. 2, Wallfahrtskirche Steinhausen) ebenso wie die bescheideneren und daher unauffälligeren städtischen und ländlichen Bauten, die Auskunft geben über das alltägliche Leben, Wohnen und Wirtschaften der einfachen Leute (Abb. 3, Wohnhäuser in Rastatt; Abb. 4, Schmiede in Steinhausen).

Als Gesamtanlagen zu beurteilen sind Straßen-, Platz- und Ortsbilder, an deren Erhaltung aus wissenschaftlichen, künstlerischen oder heimatgeschichtlichen Gründen ein **besonderes, d. h. gesteigertes** öffentliches Interesse besteht. In Frage kommen hierfür vor allem Altstadt- und Dorfkernbereiche (Abb. 5, Schwäbisch Gmünd; Abb. 6, Mühlacker-Lienzingen) und Erweiterungen des 19. und des beginnenden 20. Jahrhunderts (Abb. 7, Heidelberg, Weststadt, mit Kennzeichnung der erhaltenswerten Bauten; Abb. 8, späthistoristische Villen und Mehrfamilienhäuser an der Blumen- und Häusserstraße). Kennzeichnend ist für sie in der Regel eine Fülle von Kulturdenkmalen, eine »Schichtung« des

Baubestandes in soziotopographischer und baualtersmäßiger Hinsicht und eine klare Umgrenzung.

Vordringliche Aufgabe ist hier im Sinne des DSchG die Erhaltung der Kulturdenkmale und des »Ortsbildes«. »Ortsbild« entsteht auf der Grundlage naturräumlicher Voraussetzungen durch geschichtliche Einflußfaktoren, die von Ort zu Ort verschieden sind. Diese Einflüsse prägen die Ortsgestalt als Ganzes, ihre Silhouette, die einzelnen Quartiere, die Führung der Straßen, die Form der Plätze, die Dichte der Bebauung, die Stellung und die Gestalt der Häuser. Der Erlebensraum, die charakteristische Eigenart historischer Bereiche ist um so reicher und weitgespannter, je dichter die geschichtliche Dimension in der heutigen Ortsgestalt gegenwärtig ist. Die Vielfältigkeit und die Vielschichtigkeit ihrer Gestaltqualitäten hängt unmittelbar und unübersehbar mit der Dichte ihrer geschichtlichen Dimension zusammen: Auch die historischen Gestaltwerte sind deshalb an die originale Substanz gebunden.

Kulturdenkmale sind unmittelbar durch das DSchG geschützt. Dagegen werden Gesamtanlagen erst durch eine Satzung, die von den betreffenden Gemeinden im Benehmen mit dem Landesdenkmalamt erlassen wird, denkmalschutzrechtlichen Regelungen unterworfen. Dadurch haben die Gemeinden eine große Verantwortung auf dem Gebiet des Gesamtanlagenschutzes übernommen.

Das DSchG entfaltet seine Schutzwirkung, indem es bestimmte Vorhaben an Kulturdenkmalen und in Gesamtanlagen einem Genehmigungsvorbehalt unterwirft. Führen geplante Maßnahmen zu einer Beeinträchtigung oder Zerstörung des Schutzgutes, prüfen die Denkmalschutzbehörden im denkmalschutzrechtlichen Genehmigungs- bzw. Zustimmungsverfahren, ob die Erhaltung des betreffenden Objekts zumutbar ist. Das bedeutet, daß die Denkmalschutzbehörden zwischen dem öffentlichen Erhaltungsinteresse und sonstigen öffentlichen bzw. privaten Belangen abwägen, die einer Erhaltung entgegenstehen. Obwohl also die Bewahrung der historischen Quellen für den Denkmalschutz eindeutige Priorität besitzt, sind die denkmalschutzrechtlichen Regelungen keine starren Vorgaben, die sich gegen andere berechtigte Interessen von vorneherein durchsetzen.

6

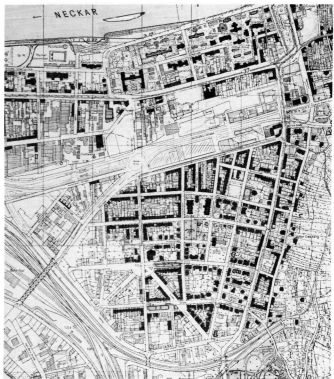

7 ▲

5

▼ 8

Der Erhaltungsgedanke im Städtebau

Kulturdenkmale und Gesamtanlagen können nur dann auf Dauer erhalten werden, wenn sie in die Entwicklung der Gemeinden eingebunden bleiben und Funktionen erfüllen, die mit heutigen Erfordernissen in Einklang stehen. Es ist zugleich unabdingbar, daß diese Funktionen von der vorhandenen Substanz und dem ortsbaulichen Gefüge aufgenommen werden können. Diese Forderungen lassen sich etwa durch die Sicherung der vorhandenen kleinteiligen Nutzungsvielfalt, durch die Zuweisung geeigneter neuer Nutzungen, eine substanzverträgliche Lösung von Verkehrsproblemen und anderes mehr erfüllen. Seit langem gehört deshalb die Erhaltung des historisch bedeutsamen Bestandes zu den wesentlichen Aufgaben des Städtebaues. Zahlreiche Festsetzungen in Bebauungsplänen, Erhaltungs- und Gestaltungssatzungen werden mit dem Ziel erlassen, Stadt- und Dorfanlagen mit geschichtlicher, künstlerischer oder städtebaulicher Bedeutung im Sinne von § 1 Abs. 6 Bundesbaugesetz (BBauG), bzw. § 73 Abs. 1 Nr. 2 Landesbauordnung (LBO) zu erhalten und behutsam weiterzuentwickeln.

Die Regelungsmöglichkeiten des Baurechts gehen über den Denkmalschutz hinaus, dessen Fürsorge auf Kulturdenkmale und Gesamtanlagen beschränkt ist. Sie erfassen neben dem Schutz von Kulturdenkmalen und Gesamtanlagen auch die Erhaltung und Entwicklung von baulichen Anlagen, von Ortsteilen sowie des

10

Orts- und Landschaftsbildes aus städtebaulichen Gründen (Abb. 9, Mietwohnungsbauten in Stuttgart-Bad Cannstatt; Abb. 10, Tabakscheuern in St. Leon-Rot mit den anschließenden Hausgärten). Treffen die Gemeinden baurechtliche Regelungen zum Schutz von Kulturdenkmalen und Gesamtanlagen, stehen diese unabhängig neben vorhandenen denkmalschutzrechtlichen Regelungen.

Die Berücksichtigung des historisch bedeutsamen Bestandes ist jedoch nur einer von vielen, im Städtebau zu beachtenden, sehr verschiedenartigen Belangen. Auch darin unterscheidet sich der Städtebau vom Denkmalschutz, dessen ausschließliche Aufgabe die Erhaltung der Kulturdenkmale und Gesamtanlagen bildet. Die Vielzahl der Belange, die in den erhaltungswürdigen Bereichen vorhanden sind, verursacht oft Konflikte. Nicht immer kann zwischen ihnen ein Ausgleich gefunden werden. Über konkurrierende Ansprüche muß dann zugunsten eines Belanges entschieden werden – manches Mal auch gegen die Erhaltung geschichtlich geprägter Substanz.

Voraussetzung für jede planerische Entscheidung über den historischen Bestand ist, daß in der Bestandsaufnahme als Vorbereitung der Planung zunächst ohne Rücksicht auf andere städtebauliche Belange ermittelt wird, welche Bauten und Bereiche aus geschichtlichen, künstlerischen oder städtebaulichen Gründen erhaltungswürdig sind. Hiervon streng zu trennen ist die Frage, ob alles auch ganz uneingeschränkt erhalten werden kann. Sie läßt sich erst in einem weiteren Schritt, d. h. durch die Abwägung mit allen anderen vor allem auch städtebaulich relevanten Belangen klären. Dieser Abwägungsprozeß unterliegt kommunaler Planungshoheit, die allerdings durch denkmalschutzrechtliche Regelungen eingeschränkt sein kann. Der kommunale Abwägungsprozeß wird vor allem auch durch das Gewicht der einzelnen Belange beeinflußt. Dabei wird die planende Gemeinde nicht außer acht lassen, daß nicht alles, was alt ist, gleiche geschichtliche Bedeutung hat, die es gleich erhaltenswert macht.

Geschichte will entdeckt sein

Es kommt deshalb entscheidend darauf an, daß wir zu deuten verstehen, was uns Überreste aus vergangener Zeit mitteilen wollen. Die Geschichtswissenschaften halten hierfür geeignete Fragestellungen und Untersuchungsmethoden bereit, durch die

9

Bauten und Bereiche aus alter Zeit in ihren richtigen Zusammenhang gestellt, aussagekräftig und verständlich gemacht werden.

Erschwert wird die Beurteilung historischer Bauten und Bereiche dadurch, daß sie im Laufe ihres Bestehens durch zahlreiche Veränderungen und Umbauten an unterschiedliche Bedürfnisse angepaßt und oft vernachlässigt wurden. Geschichtliche und künstlerische Qualitäten sind häufig reduziert, schwer entzifferbar oder gänzlich verborgen: Wer würde wohl auf den ersten Blick erkennen, daß das Wohnhaus Moltkestraße 7 in Geislingen (Abb. 11) aus dem 14. Jahrhundert stammt und eine eindringendere Erforschung verdient? Dicht unter der Oberfläche unscheinbarer, verfallender Fassaden können Befunde vorhanden sein, die behutsam freigelegt, instand gesetzt und ggf. ergänzt, Geschichte begreifbar machen und das Ortsbild gestalterisch zugleich bereichern. Das können zugemauerte ältere Bauteile sein, die erhalten blieben und verputzt wurden oder Reste von Farbfassungen und Malereien, die oft in mehreren Schichten übereinanderliegen (Abb. 12, 14, Bietigheim, Hauptstraße 14).

Die Erhaltung des äußeren Erscheinungsbildes historischer Bauten und Bereiche und die Wiederherstellung seiner geschichtlich sprechenden Qualitäten ist aber nur ein Aspekt. Genauso wichtig ist die Bewahrung der im Inneren von Gebäuden vorhandenen geschichtlich oder künstlerisch bedeutsamen Bauteile. Sind Sie sichtbar, wie etwa gotische Holzbalkendecken (Abb. 13, Ravensburg, Humpisstraße 1, 1471), barocke Stuckdecken oder Treppenhäuser, ist ihre Gefährdung weniger groß. Häufig sind aber z. B. wichtige Konstruktionsteile des ursprünglichen Gebäudes, auch Malereien und Farbfassungen unter späteren Veränderungen verborgen. Abb. 15 zeigt eine Bohlenwand mit eingeschnittenen Fensteröffnungen, die bei der Sanierung des aus dem frühen 14. Jahrhundert stammenden Gebäudes Hafenmarkt

6/8 in Esslingen zum Vorschein kam. Dieses Gebäude gehört zu einer Reihe im Kern gleichaltriger Häuser, deren äußeres Erscheinungsbild zunächst ein jüngeres Baujahr vermuten ließ (Abb. 16).

Wie diese Beispiele zeigen, ist die Gefahr von Fehlplanungen und der unwissentlichen Zerstörung historisch bedeutsamer Substanz groß.

15

16

11

13

12

14

Initiativen der Gemeinden

Einige Gemeinden haben den Nutzen historischer Analysen für den Städtebau und die Denkmalpflege seit langem erkannt und spezielle Daten erhoben, um hinreichende Unterlagen zur Erfassung und Bewertung historischer Substanz zu gewinnen.

Frühe Beispiele sind die Bürgerhausbücher von Konstanz (1906) und Freiburg (1923). Neben Informationen über das Baualter können aus solchen Werken über die Bewohnergeschichte auch die ehemaligen Nutzungen eines Gebäudes und damit der jeweilige Bautyp erschlossen werden. Baualterspläne, in denen man heute neben der stilkritischen Datierung die Ergebnisse dendrochronologischer Forschungen, der Stadtkernarchäologie, baugeschichtlicher Untersuchungen, der Auswertung der Archivalien topographisch kartieren wird, haben eine lange Tradition. Ihre Anfänge reichen bis in das ausgehende 19. Jahrhundert zurück, wie der Mannheimer Baualtersplan aus dem Jahre 1899 belegt (Abb. 17). Der Baualtersplan für die Altstadt von Bad Wimpfen am Berg von 1922 (Abb. 18) entstand durch das Engagement des Vereins »Alt Wimpfen«. Weitere Beispiele sind die Baualterspläne von Wertheim (Abb. 135) oder von Schwäbisch Hall (Abb. 134). Diese Pläne liefern einen ersten Überblick über die Altersstruktur der gesamten Altstadt, zeigen auf, wo sich etwa unter jüngerer Überformung ein älterer Kern befindet. Ihre flächenbezogenen Informationen sind zur Vorbereitung von Erneuerungsmaßnahmen wertvoll, weil sie zum Beispiel erste Aufschlüsse über den voraussichtlichen Bedarf an baugeschichtlichen Untersuchungen im Planbereich liefern.

Ein Spezialgebiet stellt die Erforschung von Kellern dar. Systematische Vermessungen wie das Aufmaß der historischen Kellersubstanz im Bereich Oberlinden in Freiburg erlauben in der Gegenüberstellung des Bestandes aus dem 13. und dem 17. Jahrhundert (Abb. 19) wichtige Erkenntnisse zur Entwicklung der Altstadt.

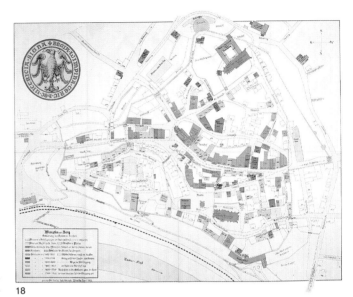

18

19

17

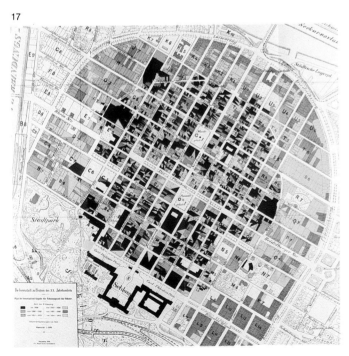

Dendrochronologische Untersuchungen werden inzwischen an zahlreichen Orten durchgeführt, so in Sindelfingen, dessen jahrringdatierte Häuser Abb. 152 zeigt, Esslingen, Ravensburg, Rottweil, Schwäbisch Hall, Tübingen. Die Stadt Besigheim verfügt über eine Farbleitplanung für die Altstadt, die aus den Ergebnissen restauratorischer Befunduntersuchungen entwickelt wurde. Ihr Ziel ist es, die historische Farbigkeit im Zuge der Stadterneuerungsmaßnahmen wiederherzustellen. Abb. 20 zeigt das farbig gefaßte Altstadtmodell, einen Farbbefund und die auf der Grundlage dieses Befundes instand gesetzte Fassade des Hauses Kirchstraße 24.

Detailgenaue photogrammetrische Fassadenabwicklungen vermitteln einen ersten Überblick über den historischen Bestand in seinem derzeitigen äußeren Erscheinungsbild (Abb. 21, Bietigheim, Hauptstraße). Auf dieser Grundlage verschaffen eindringende Untersuchungen, wie Thermographie (Schorndorf, Waiblingen u. a.), restauratorische Befunderstellung und anderes mehr, vertiefte Kenntnisse über verborgene historische Schichten.

Aufbau und Gliederung der Ortsanalyse

Die örtlichen Ansätze zu historischen Ortsanalysen sollten in einen systematischen Zusammenhang gebracht und weiterentwickelt werden. Wie das geschehen kann, welche historischen Disziplinen jeweils bestimmte Fragen beantworten, ist in der folgenden »Ortsanalyse« dargestellt und an konkreten Beispielen erläutert. Ausgewählt wurden dazu Orte aus verschiedenen Teilen Baden-Württembergs. Bei der Fülle des Materials decken diese Beispiele, die nur eine sehr knappe Auswahl sein können, natürlich nicht alle Facetten einer historischen Analyse bebauter Bereiche ab. Deswegen wird in kapitelweisen Zusammenfassungen und Fragen der Weg zu analogen und weiterführenden Verfahren gewiesen. Als durchgehendes Beispiel für eine Stadt wurde **Konstanz,** für ein Dorf Weinstadt-**Strümpfelbach** gewählt. Die Fülle und Qualität baulicher Strukturen einer noch intakten Altstadt bzw. eines geschlossenen Dorfkerns sowie die Vielfalt baulicher Bereiche im Anschluß daran können den methodischen Ansatz der Ortsanalyse verdeutlichen.

Um eine Grobstrukturierung der Stoffülle zu erreichen, wurde zwischen städtischer und ländlicher Bebauung unterschieden. Auch die ältere Entwicklung in Städtebau und Siedlungswesen legt diese Einteilung nahe. Wo sich in der historischen Größenordnung »kleine Land- und Zwergstädte« bzw. »ehem. Marktflekken und große Pfarrdörfer« die beiden Kategorien treffen, lassen sich Überschneidungen gut in Einklang bringen. Für die große Mehrheit der alterhaltenen Orte liegt jedoch eine Unterscheidung von Stadt und Dorf im Verständnis der älteren Landesbeschreibung und der historisch relevanten Ortsbaugestalten nahe. Städtische Verdichtung und Spezialisierung in Gewerbe und Handel,

20

21

Wehrwesen und Fabrikation, Häufung von Kirchen- und Verwaltungsfunktionen haben durch die Jahrhunderte hindurch ganz andere Bauformen hervorgebracht als Landwirtschaft und dörfliche Gemeinwesen. Als Ergebnis der Ortsanalyse sind auch solche unterscheidenden Spezifika im einzelnen darstellbar. Dadurch bedingte gelegentliche Wiederholungen wurden in Kauf genommen.

Die Ortsanalyse kann in fünf (für die Stadt) bzw. vier Arbeitsschritte (für das Dorf) aufgeteilt werden. Diese sind so angelegt, daß sie vom Allgemeinen zum Spezifischen führen. Dabei werden die Akzente wechselweise auf die Erarbeitung materiell-gestalthafter bzw. historisch-quellenkritischer Fakten gesetzt.

Die Analyse beginnt bei den natürlichen Voraussetzungen für den bebauten Bereich, bei der Landschaft, dem Untergrund, dem Baumaterial und seiner Verarbeitung.

Es folgt die retrospektive, Quellenkenntnis voraussetzende Ortsgeschichte mit Wirtschaft und Verkehr, die direkt oder indirekt bau- und gestaltwirksam geworden ist: Naturereignis-, Verfassungs-, Rechts-, Kirchen-, Kriegs-, Wirtschafts-, Verkehrsgeschichte als Motivkunde für bauauslösende Kräfte.

Dann ist möglichst materialbezogen die Ortsbauentwicklung abzuhandeln, die als gestaltverändernde Baugeschichte belegt werden muß. Weniger die Rekonstruktion abstrakter Ortsgrundrisse oder die Wiederholung hypothetischer Ortserweiterungsthesen stehen zur Diskussion. Vielmehr sind vorrangig Methoden der Mittelalterarchäologie und Bauforschung, besonders auch

die Auswertung von Bildquellen einzusetzen für gesicherten Kenntnisgewinn bei der Ortsbauentwicklung in ihrem gestalthaften Wandel.

Es folgt die schwerpunktmäßig wieder auf Schriftquellen fußende Sozialtopographie, die das Wissen um Auftraggeber und Bauherrn vermittelt. Sie erläutert, wer wo warum (gerade so) gebaut hat. Das Arbeitsfeld verlagert sich auf Einzelobjektforschungen, die erst zusammengenommen Stadtviertel- und Ortsteilkenntnis möglich machen.

Schließlich konzentriert sich die Einzelhausbaugeschichte auf die sachbezogene Erforschung des Baualters und der Anteile verschiedener Bauepochen an der Gesamtbausubstanz. Die Baualterskarte liefert dabei je nach Wissensstand rasche Information über das Alter des Gebäudebestandes. Einige Erkennungs- und Verfahrensmethoden bei der Baualtersbestimmung werden im folgenden erläutert.

Jeder der Arbeitsschritte mündet in einer Zusammenfassung und einem weiterführenden Fragenkatalog. Als ein Ergebnis der Analyse wird dargestellt, wie Kulturdenkmale und Gesamtanlagen im Sinne des DSchG sowie sonstige erhaltenswerte Bauten und Bereiche benannt bzw. abgegrenzt werden können. Wichtiger als ein solches Ergebnis ist aber der Arbeitsvorgang der einzelnen Analyseschritte selbst, der zum besseren Verständnis historischer Orte beiträgt und den Umgang mit ihnen moderieren hilft.

Ortsanalyse Stadt

Naturraum und
Baumaterial Konstanz

Naturraum

Das Erscheinungsbild einer Altstadt wird maßgeblich vom Naturraum geformt, auf und in dem sie sich befindet. Die unterschiedlichen Bodenformationen haben städtebaulich entsprechende Lösungen gefordert, sie stellenweise förmlich programmiert. Landschaft und Oberflächenprofil sind für den Individualcharakter unserer alten Städte in hohem Maße mit-prägend geworden.

Konstanz bezieht seine Lagequalitäten aus der Situierung am Bodensee. Das flache Ufer hat dort, wo der Rhein den Obersee verläßt und eine günstige Fähr- bzw. Brückensituation anbot, vielfach Veränderungen und Anschüttung zum See hin erfahren. Dennoch ist an den Höhenschichtlinien (Abb. 24) gut abzulesen, daß eine sehr flache Kuppe im Dombereich den Kern der Siedlung anzog. An der 400 m-Schichtlinie ist ein abgeflachter Höhenrücken parallel zum Seeufer zu verfolgen, auf dem sich die Altstadt ausbreitete. Der ältere Geländeabfall am Ufer zwischen Fischmarkt und Marktstätte weist auf ehemaliges Überschwemmungsgebiet, das erst allmählich dem See abgetrotzt wurde. Westlich der Altstadt schloß sumpfiges Gelände an.

Dort liegt die Konstanzer Niederung zu beiden Seiten des Seerheins als fast ebene Senke zwischen dem leicht welligen Thurgauer Seerücken und dem rascher ansteigenden bewaldeten Bodanrück-Hügelland (Abb. 23). Die vielgepriesene Milde des Unterseeklimas findet ihre Entsprechung im Zueinandergeordnetsein von Fluß, See und flachem Ufer. Die Konstanzer Altstadt als Stadtkrone hat – mit wenigen Ausnahmen – dieser milden Landschaft noch keine lauten Akzente entgegengestellt.

22 ▲   ▼ 23

24

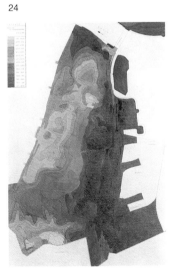

Baumaterial

Als Baumaterial kam neben dem Holz derjenige Stein in Frage, der den kürzesten Transportweg beanspruchte und der geringsten Zurichtung bedurfte. Es boten sich Geschiebesteine und besonders die Rollkiesel am Rhein- und Seeufer an (Abb. 25), die im Mittelalter häufig Verwendung fanden. Diese »Bollensteine« mußten allerdings in reichliche Mörtelspeise gebettet werden (Abb. 26). Mit der Verlegung in Fischgrätform konnte eine bessere Lagerung und ein Volumenausgleich verschieden großer Kiesel erfolgen. Die Fugen wurden mit Kellenstrichen verputzt, die Köpfe blieben sichtbar (sog. pietra-rasa-Technik). So entstand eine sehr lebhaft in Licht und Schatten bewegte Maueroberfläche. »Rustikal« mißverstanden und an völlig falschen Orten feiert sie heute öfter wieder fröhlich-kitschige Urständ.

Die Kieselmauern bedurften an den Kanten und konstruktiv wichtigen Stellen des Halts durch bearbeitete Werksteine. Konstanz bevorzugte den auf dem Seeweg herbeigeschafften Rorschacher Sandstein, dessen grau-grüne Oberfläche noch heute vielfach als »Farbe« im Stadtbild mitspricht. Die Werkstücke wurden in den bekannten Steinbrüchen zugerichtet (Abb. 27) und mit »Ledinen«, Segelbooten mit Ruderverstärkung, nach Konstanz transportiert.

Eine endgültige Bearbeitung erfolgte in Steinmetzhütten am Hafen vor dem Kaufhaus, wie es ein Bild von 1825 sehr schön schildert (Abb. 28). Die Quader wurden mit ca. 2,5 cm breitem, feinem Randschlag versehen, während die Flächen gröber stehen blieben bzw. auch als Buckelquader im städtischen Wohnbau die Burgenbautechnik imitierten.

25

26

27 ▲

▼ 28

29

31

30

32

Das Verarbeiten der Baumaterialien am Ort des mittelalterlichen Bauens ging von völlig anderen Voraussetzungen aus als wir heute in unserer technisierten, mechanisierten Welt erfahren. Steinbearbeitung und Aufmauern, Holzbearbeitung und Zimmern sind mit allen weiteren Bauvorgängen ein sehr komplexes, handwerkliches, halbvergessenes Geschehen, das wir bereits mühsam rekonstruieren müssen.

Der Zimmerer mußte beim Herrichten der Balken auf Wuchs, Faserverlauf, Ästigkeit usw. achten. Eine Abbildung aus der Konstanzer Richentalchronik um 1465 (Abb. 29) zeigt zwei Zimmerleute in voller Aktion.

Beim Turmbau von Babel in einer Weltchronik aus Kloster Rheinau um 1350 wird eine mittelalterliche Baustelle dargestellt (Abb. 30). Mörtelrührer und -träger, Steinmetzen, Maurer mit Kelle und »Kranführer« sind beim Turmbau beschäftigt. Ähnlich haben wir uns eine Konstanzer Baustelle des 12.–15. Jahrhunderts vorzustellen, wobei die Quaderbearbeitung etwa konstant blieb, dagegen die Fertigkeit der Kieselmauerung in der Frühzeit mehr als anderswo gefragt war. Mit den sog. Bollenmauern in Konstanz ist eine frühe landschaftstypische Eigenheit zu fassen.

Die Fundamentlegung gehört zu den »Grund«aufgaben im Hausbau. Die Baugrube 1892 beim Bau des Finanzamtes macht deutlich, wie das Einrammen der Pfähle mit einer Handramme sich auf dem Weg des maschinellen Fortschritts befand (Abb. 31).

Der nicht sehr stabile Baugrund, Seeablagerungen auf Beckenton der Würmeiszeit und in Jahrhunderten angewachsene Kulturschichten, erforderten starke Fundierungen. Beim Ausschachten (Abb. 32) kommen oft umfangreiche Pfahlroste mit Rahmenschenkel und Querhölzer zum Vorschein, Eichenhölzer von erstaunlicher Haltbarkeitsdauer.

Naturraum und Baumaterial
Stadt

33

34

35 ▲   ▼ 36

Naturraum

Alte Städte entstanden nicht irgendwo und ohne Grund. Stadt-kernforschung, Mittelalter-Archäologie und Siedlungsgeographie gehen den Fragen des Wo und Warum einer Stadtgründung ge-zielt nach und entwickeln Methoden der Vergleichbarkeit und der Analogieschlüsse. Es mögen ganz praktische, nüchterne Über-legungen für Hausanhäufungen mit Markt, Mauer, Stadtfreiheit eine Rolle gespielt haben. Es mögen eine kirchliche Zelle, eine Burg, eine Brücke mit Straßenkonzentration usw. das auslösende Moment gewesen sein. Jedenfalls gehören zur Entstehung, mehr noch zur gedeihlichen Entwicklung einer Stadt im Mittelalter eine Vielzahl von Voraussetzungen. Eine davon ist der brauchbare Un-tergrund und die Möglichkeit, sich gegenüber dem Naturraum er-folgreich behaupten zu können. Wie dann die Stadt zur baulichen Geschlossenheit heranwuchs, wie sie sich dabei des natürlichen Bodenreliefs bediente, wie die umgebende Landschaft erst der Mächtigkeit einer Stadtsilhouette zur wahren Geltung verhelfen konnte, ist Gegenstand eindringender Stadtgestaltforschung.

Unnachahmlich hat Matthäus Merian d. Ä. dem Zusammenwir-ken von Stadt und Naturraum in der Topographia Germaniae Aus-druck verliehen. Häufig überzeichnend, dennoch das Charakteri-stische hervorhebend, verschafft er dem Betrachter anhand sei-ner Kupferstiche eine glänzende Vorstellung von der Lage einer Stadt und ihrem Aussehen. Deutlich zeigt er die Komponenten Talaue und Ebene, Hügel- und Berglandschaft, Seeufer und Hö-henrücken, auf oder in denen eine Stadt erwuchs. Es sind nahezu dramatische Erscheinungen möglich, Stadtinszenierungen, auch ohne Personenstaffagen oder Belagerungsgeschichten. In Reise-literatur und Dichtung finden viele Städte entsprechende Würdi-gung.

Zu den berühmtesten »Stadtinszenierungen« gehört **Heidel-berg,** die »ländlichschönste« (Abb. 33). Wie sich die Stadt am Neckar entlang ausbreitet, als Folie die bewaldeten Höhenrücken von Gaisberg und Königsstuhl, nach Westen die Rheinebene er-öffnend, ist oft geschildert und besungen worden. Goethe: »Die Stadt in ihrer Lage und mit ihrer ganzen Umgebung hat, man darf sagen, etwas Ideales«. Schloß und Stadt werden erst in dieser Einbettung zu dem Zauberwesen, das Heidelberg neben Rothen-burg o. d. T. zum Inbegriff der deutschen Stadt werden ließ.

Man braucht nur den schwäbischen, fränkischen, pfälzischen Merian weiter durchzublättern, um die Fülle der Möglichkeiten zu erfahren, die der Naturraum so vielen Städten an Eigencharakter und Unverwechselbarkeit verlieh. Sei es die Tallage eines Mark-gräflerstädtchens wie **Sulzburg** (Abb. 34), ehemals Kloster- und Bergbauort; sei es die Spornlage einer Schloßstadt wie **Langen-burg** (Abb. 35). Auch jüngere Stadtansichten wie die von **Meers-burg** 1848 geben das Charakteristische der Lage am See akzen-tuiert wieder: Oberstadt mit Burg und Bischofssitz, Unterstadt mit Marktstätte und Fischersiedlung (Abb. 36).

Baumaterial

War der Naturraum die eine vorgegebene Komponente, so ist das zur Verfügung stehende Baumaterial die andere, die einer Stadt etwas Bodenständiges, Einheitliches und zugleich Individuelles verleihen konnte. Holz, Stein und Ziegel waren in der vorindu-striellen Zeit die gebräuchlichsten Materialien, sie bedurften sorg-fältiger Zubereitung und Verarbeitung.

Das Einrichten der Baustelle und die Verarbeitung der Bauma- terialien blieb über Jahrhunderte in vorindustrieller Zeit gleich oder änderte sich nur in Details. Ein Meister-Brief des württem- bergischen Bauhandwerks zeigt eine Baustelle des mittleren 19. Jahrhunderts mit Bauherrn und Architekten (mit Plan), Steinhau- ern und -transporteuren, Maurern und Mörtelträgern (Abb. 39). Das im Bau begriffene palastartige Gebäude stellt zwar eine öf- fentliche Aufgabe dar, aber auch den privaten Wohnungsbau wird man sich ähnlich vorstellen dürfen.

Zusammenfassung und Fragestellung

Altstädte und historische Stadterweiterungen sind in einem natür- lichen Umfeld entstanden und gewachsen, das in enger Wechsel- beziehung zur Architektur steht. Das Wachstum der Städte ver- wischte Konturen und machte »Landschaft« zum Stadtraum. Es gab früher den viel stärkeren Kontrast Stadt–Land, Haus–Natur, Gebautes–Gewachsenes. Mit Bedacht wurden naturräumliche Vorzüge genutzt, wenn es darum ging, einer Stadt zur gedeih- lichen Entwicklung zu verhelfen. So drängten Gesichtspunkte der Verteidigung, der Verkehrserleichterung, der Rohstoff- und Na- turkraftnutzung (Wasser) usw. immer zur optimalen Ortswahl. Dann spielte das Zeichenhafte, das Überhöhen der Natur durch menschliche Werke unter transzendentalen Vorstellungen eine gewichtige Rolle.

Um diese Zusammenhänge verstehen zu können, muß man im- mer wieder analysieren, wie sich die Altstadt zum Naturraum ver- hält, wie das Erlebnisbild Altstadt von Bodenrelief und natürlicher Umgebung mit abhängig ist. Für den konkreten Bauvorgang ge- hört dazu das Wissen um den Untergrund, um die Bodenbeschaf- fenheit, ferner um frühere Baumaterialien und ihre Verarbeitung. Erst dieses vermehrte Wissen um Handwerkliches in Baustoffen und Verarbeitung ermöglicht eine gerechte Würdigung und die behutsame Annäherung an unseren Althausbestand.

– Wie liegt die Stadt in der sie umgebenden Landschaft?

– Welchen Einfluß nahm die Landschaft auf das Stadtbild, wie formte umgekehrt die Stadt die Landschaft um?

– Wie verlaufen die Höhenschichtlinien des Bereichs, auf dem die Stadt steht?

– Welcher Untergrund trägt die Stadt (Lehm, Kies, Felsen, Sand, Kulturschichten, Aufschüttungen)?

– Wie wurden Unregelmäßigkeiten oder Gefährdungen im Bo- denbereich (Hochwasser, Schwemmböden, Gipsböden) aus- geglichen?

– Wie kamen mit dem Untergrund Wege und Straßen, Plätze und Gassen zurecht?

– Welche Baumaterialien wurden früher verwendet, wie lösten sie einander ab oder wie ergänzten sie sich?

– Woher bezog man die Baumaterialien Holz, Stein, Lehm, Sand, Kalk, und wie lassen sich Abbau und Zubereitung nachweisen?

– Welche besonderen Techniken und Instrumente entwickelte man zum Transport, Herrichten und Verbauen dieser Materia- lien?

37 38

Der Ziegler war z. B. überall gefragt bei der Hartdachdeckung. An Mauerziegeln bestand je nach Gegend oder Bauperiode unter- schiedlicher Bedarf. Der Lehm (Loima, Klaib, usw.) ist für die Zie- gel das entscheidende Rohprodukt, das geweicht, geschlagen, zerhackt, eingedrückt, geglättet werden mußte (Abb. 37, 38). Die Hartdeckung und die Ziegelbauten scheinen durch Verbote von Stroh und Schindeln bzw. durch billigere Herstellung gefördert worden zu sein. Voraussetzung war das Vorhandensein ergiebi- ger Lehmgruben. Die Aufgaben des »Zieglers« waren seit dem Mittelalter fest umrissen: 1. Herstellung von (Dach-)ziegeln wie »Flach- und Hohl-Ziegel, sog. Kühe-Mäuler, . . . womit man zu oberst am Dach den First . . . zu decken pflegt« (Christoff Weigel 1698). 2. Herstellung von Backsteinen »zu mancherley Ge- bäuen . . .« . Die Produktionsziffern sind erstaunlich, da ein Ge- selle bis zu 1000 Ziegel pro Tag verfertigen konnte.

39

Ortsgeschichte Konstanz

40

42

41

43

Die Geschichte einer Stadt kann durch das Kennenlernen ihrer Bauten schärfere Konturen gewinnen. Umgekehrt ist das Erscheinungsbild einer Altstadt nur dann analysierbar, wenn die historischen Vorbedingungen in politischer, kirchlicher, wirtschaftlicher, verkehrlicher Sicht deutlicher werden. D. h., daß erst die Analyse des räumlichen **und** historischen Umfeldes zu einer gerechteren, richtigeren Einschätzung und Abwägung der heutigen Stadtgestalt in ihrer Bedingtheit durch Stadtgeschichte führt.

44 ▲

▼ 45

46 ▲

▼ 47

Das Gegenüber von Bischof und Bürgermeister bzw. Rat, von Domkapitel und Bürgerschaft hat jahrhundertelang die Geschichte von Konstanz bestimmt. Das Mariensiegel des Domkapitels (1255, Abb. 40) mag als Verweis darauf gelten, daß in und an der Domkirche auch handfeste Realpolitik betrieben wurde mit direkter Auswirkung auf die Stadtgestalt (z. B. Anlage und Befestigung der »Bischofsburg«). Das 1829 abgebrochene bischöfliche Pfalzgebäude (Abb. 41) war auch die Stätte, an der die kaiserlichen und königlichen Besucher in Konstanz verweilten und von hier aus Entscheidungen trafen.

Das älteste Stadtsiegel (1250, Abb. 42) verkündet ein selbstbewußter gewordenes Regiment der Stadt, das 1192 Befreiung von der bischöflichen Steuer und 1212 freie Ratswahl zugestanden erhalten hatte. Freilich gab es Rückschläge und erst das frühe 14. Jahrhundert brachte die volle Selbstverwaltung der Stadt. Das alte Rathaus (Abb. 43) – der Kern von 1448 bzw. 1733, heute ein 1848 aufgestockter Umbau – war Sitz des Rats und Ort weittragender Beschlüsse. Der von Konstanz geführte Bund der Bodenseestädte besaß z. B. bereits im 14. Jahrhundert große Bedeutung. Das 15. Jahrhundert war bestimmt von heftigen Kämpfen zwischen Zünften und Patriziat, die mit paritätischer Verteilung der Sitze im kleinen und großen Rat endeten. Beispielhaft kann hier das Mächtigwerden der Zünfte, des Handwerks, verfolgt werden, die sich auch im Stadtregiment gegenüber den alten »Geschlechtern« durchsetzen mußten. Geschlechter und Handwerker aber tragen in der Multiplikation die mittelalterliche Stadtgestalt, wie sie uns teilweise noch heute vor Augen tritt.

Konstanz war 1414–18 Tagungsort eines allgemeinen Konzils, dessen Thematik von großer kirchengeschichtlicher Tragweite war: Beendigung des Schismas, Einheit der Lehre (Hus!) und versuchte Kirchenreform. 1417 fand die Belehnung Zollerns mit der Mark Brandenburg statt, Grundlegung des späteren Preußen. Der Beginn des feierlichen Belehnungsaktes wird in der Richentalchronik von 1465 abgebildet, wie man den Burggrafen Friedrich VI. von Nürnberg am »Hohen Haus« abholte und zum »Hohen Hafen«, der Wohnung König Sigismunds, begleitete (Abb. 44). Der »Hohe Hafen« steht heute noch an der Ecke Wessenbergstraße/Obermarkt; die Zeichnung des 15. Jahrhunderts hat vor allem Symbolcharakter und »buchstabiert« gotische Stein-Holz-Architektur. Am »Hohen Hafen« zeigt die Fassadenmalerei Carl v. Häberlins den Belehnungsakt in der Vorstellung der Historienmalerei um 1906 (Abb. 45). Die Erinnerung an den Ort des folgenreichen Geschehens ist unmittelbar in das Stadtbild eingeschrieben durch die Einheit von Bau und Ereignismalerei.

Als wichtigster Wirtschaftsfaktor ist das Leinwandgewerbe anzusprechen. Im 1388 erbauten Kaufhaus schuf sich die Stadt ein zentrales Gebäude für Warenstapel, Leinwandschau, Zollverwaltung und städtisches Maklerwesen (Abb. 46). Der Leinwandhandel machte Faktoreien von Brügge bis Wien notwendig. Durch den Zusammenschluß in Handelsgesellschaften (Große Ravensburger) bekam der Konstanzer Handel mitteleuropäische Ausmaße. Im späten 15. Jahrhundert sank seine Bedeutung, Konstanz wurde Grenzstadt zur Schweiz: Unser Bild der Zollernstraße (Abb. 47) zeigt die Bestürzung der Konstanzer auf die Nachricht, daß die Schweizer 1499 bei Schwaderloch gesiegt hätten. Die Stadt verlor ihr natürliches Hinterland, die letzten Leinenweber wanderten nach St. Gallen aus. Die Wirtschaftsflaute trug aber auch zur Erhaltung des mittelalterlichen Stadtbildes bei.

Stadtentstehung und -entwicklung wird erst im landesgeschichtlich-großräumigen Zusammenhang verständlich. Dabei spielen nicht nur die politischen, sondern besonders auch die wirtschaftlichen Verflechtungen eine wichtige Rolle. Für Konstanz war die Lage am Bodenseeausgang, mit Brückenmöglichkeit und Schiffahrtsangebot von schicksalhafter Bedeutung. Bereits um 300 n. Chr. gab es, ausgehend von einem römischen Posten zur Überwachung des Rheinübergangs, ein spätrömisches Kastell. Es lag in einer Reihe von Kastellen an Oberrhein und Bodensee zum Schutz gegen die Alamannen. Ab etwa 600 n. Chr. war Konstanz dann Bischofssitz

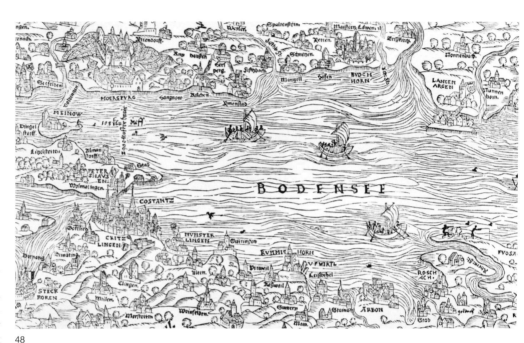

48

und damit zum Mittelpunkt des größten deutschen Bistums geworden.

Unter den Bischöfen Konrad und Gebhard im 10. Jahrhundert erlebte die Stadt einen ersten Aufschwung. Zur Stauferzeit waren Hoftage unter Friedrich Barbarossa, die Privilegierung der Reichsunmittelbarkeit des Bistums, das Zugeständnis der freien Ratswahl unter Friedrich II. herausragende Ereignisse. Jahrzehnte internationalen Ansehens und wirtschaftlicher Prosperität sind Voraussetzung für eine lebhafte Bautätigkeit der Stadt im Mittelalter gewesen.

Spätestens seit dem festen Brückenbau um 1200 gewann der Überlandverkehr sehr an Bedeutung. Als Hafenstadt bot sich Konstanz zwischen Bregenz und Schaffhausen für die Schiffahrt mit Last- und Personenverkehr an. Seit 1368 wird z. B. das Marktschiff genannt, das Güter und Leute zu den jeweiligen Märkten beförderte und bereits einen regelmäßigen Fahrplan einhalten mußte. »Segmer« und »Ledinen« (Lastschiffe) konnten bis zu 150 t befördern (Abb. 49). Brücke und Hafen standen in Wechselwirkung mit Fernstraßen und dem Altstadt-Straßennetz: Hussen-/Wessenbergstraße erschlossen als Rückgrat Märkte und Transitverkehr.

Nach dem Verlust der landgerichtlichen Rechte im Thurgau gingen die Ansätze zur Ausbildung eines neuen Territoriums um 1500 verloren. 1526 wich der Bischof nach Meersburg aus, die Stadt trat der neuen Lehre bei. Bereits 1548 mußte sie sich aber Kaiser Karl V. unterwerfen und die habsburgische Landeshoheit anerkennen. Als vorderösterreichische Land- und Grenzstadt geriet Konstanz ins wirtschaftliche und verkehrliche Abseits. Die Verlegung des Bischofssitzes 1821 nach Freiburg i. Br. bedeutete zusätzlichen Bevölkerungs- und Behördenschwund.

Die weitere Entwicklung im 19. Jahrhundert brachte die Vergrößerung der Hafenanlagen (seit 1839) mit den Möglichkeiten der Dampfschiffahrt und schließlich dem Ufer entlang den Bau der Eisenbahn (1853–63, Abb. 50). Damals dichtete man, erfüllt von Fortschrittsglauben und Zukunftsskepsis im harten wirtschaftlichen Wettbewerb:

49

»Wir haben nun die Eisenbahn
Die Dampfschiffe auf dem See –
Wenn's jetzt nicht wacker geht voran,
Lieb' Konstanz, dann ade!«

50

Ortsgeschichte Stadt

51

52

53 ▲

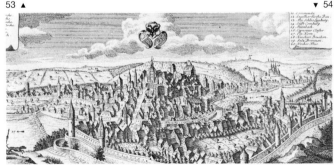

▼ 54

Die Gestalt unserer Städte heute beruht auf einer jahrhundertelangen Geschichte. Dieses Geschehen in der Vergangenheit bewirkte Stabilität und Veränderung, immer wieder neues Bauen an alter oder neuer Stelle, ausgeglichenes Regenerieren und abrupte Neuschöpfung. Innovationen von Handel und Wirtschaft, neue Verkehrsanbindungen, Erweiterung des Einzugs- und Machtbereiches haben vielfach kleinere und größere bauliche Auswirkungen gehabt. Auffällige Geschehnisse wie Brände, Kriegszerstörungen, Erdbeben, Hochwasserkatastrophen usw. können ganze Stadtgebiete vernichtet oder so beeinträchtigt haben, daß sie neu gebaut werden mußten. Solche stadtgeschichtlichen Ereignisse sind dann mit ihren Folgen und Auswirkungen – auch städtebaulicher Art – präzis zu beschreiben.

Von Schloß und Stadt **Vellberg** ist ein eindrucksvolles Flugblatt überliefert, wie im 16. Jahrhundert die Zerstörung eines Baukomplexes vor sich ging (Abb. 51): In der sog. Absberger Fehde 1523 führte der Schwäbische Bund gegen Anhänger und Verwandte des »schlimmsten Stegreifritters des ausgehenden Mittelalters«, Thomas von Absberg, einen Exekutionskrieg durch. Wilhelm von Vellbergs Schloß wurde abgebrochen und in die Bühler hinabgeworfen. Die Erlaubnis zum Wiederaufbau 1545 mußte teuer erkauft werden – das Ergebnis sehen wir heute noch vor uns.

In **Schwäbisch Hall** haben zwei Brände tiefe Spuren in der Altstadt hinterlassen und die Stadtgestalt flächenweise verändert: Der Brand von 1680 traf die Gelbinger Vorstadt, derjenige vom 31. 8. 1728 große Teile der Altstadt zwischen St. Michael und dem Kocher. Der Brand war im »Güldenen Helm « ausgebrochen und erfaßte in kurzer Zeit 294 Häuser, dazu die alte Jakobskirche, das Rathaus, das Spital, die Bürgerstube, das Kornhaus. Die zeitgenössischen Bilder schildern drastisch das Brandgeschehen (Abb. 52) und das Aussehen der Brandstätten (Abb. 53). Der Wiederaufbau vollzog sich vielfach unter dem Zwang alter Hausgrundrisse und Keller einerseits und der neu zu bewerkstelligenden »Regularität« andererseits. Die »Neue Straße«, breiter und schnurgerade angelegt, gibt von diesem barocken Bau-Reglement des Johann Ulrich Heimb Kunde. 1729 standen bereits wieder 121 Bürgerhäuser (Abb. 54), deren Gleichklang im Großen dennoch Spielraum für kleine Varianten bot, die diesen Straßenzug nicht monoton werden ließen.

Viele Wiederaufbauten nach Stadt- und Stadtteilbränden sind uns überliefert. In der Barockzeit wurden dann Vorstellungen von geraden Straßenfluchten verwirklicht, die den Wiederholungsfall verhindern sollten und dem Stadtideal des Absolutismus nahekamen. Man sprach vom »genau der Schnur nach« (Christian David von Leger 1743 in Schorndorf), vom »regular erbawt« oder »in linien zue sezen« (Matthias Weiß u. a. 1693 in Winnenden bzw. Backnang). Der Stadtbrand von Tuttlingen 1803 hat auf rektangulärem Straßennetz einen völlig neuen Wiederaufbau durch Carl von Uber gebracht – ähnlich bereits Sulz 1794. Rationeller Plan und gleichmäßige Bebauung muten uns längst freundlich und nicht unkünstlerisch an (Meckseper).

Die Geschichte der einzelnen Orte, die sich gestaltprägend äußerte, ist nicht nur lokale Ereignisgeschichte. Im breiten Strom der allgemeinen Geschehnisse oder mit deutlich ausgesprochenen Entscheidungs-Akzenten wurde Stadtgestalt bewirkt. Häufig können dann Orts- und Landesgeschichte, ja Orts- und Reichsgeschichte identisch sein. Mit der kleinen Ursache und der großen Wirkung sind nicht nur unscheinbare Geschehnisse zu benennen, die geschichts-wendend wurden, sondern auch offizielle Staatsakte, die im Mahlstrom der Geschichte Bestand blieben.

55

56

57

bäude und Einrichtungen wie Werfthallen, Getreidespeicher, Krane sind wichtige Belege für die frühe Industriegeschichte und ihre Folgen im jüngeren Städtebau.

Die Entwicklung des Eisenbahnnetzes hat ähnlich umstürzende Folgen gehabt. Man denkt nicht nur an die Landschaft verändernde Trassenführung mit Tunnel- und Brückenbauten; im Städtebau sind es besonders die repräsentativen Empfangsgebäude, auf die häufig neugeplante »Bahnhofsstraßen« zuführten. Der alte Bahnhof in **Baden-Baden** berichtet vom Personenverkehr und dem raschen Aufstieg der Bäderstadt. An der Langen Straße fiel 1870 die alte Fachwerk-Aussteigehalle der Stichbahn von 1845 einem Sturm zum Opfer (Abb. 56). Der großzügige Neubau von 1892/94 erzählt von der Glanzzeit des Badeortes, die zahlreiche Hotel- und Geschäftsbauten an dieser Straße zur Folge hatte (Abb. 57).

Zusammenfassung und Fragestellung

Die Gestalt unserer Altstädte und historischen Erweiterungsgebiete geht direkt auf konkrete Ereignisse und indirekt auf eine Vielfalt geschichtlicher Kräfte und Wirkungsfelder zurück. Die Geschichte einer Stadt, eingebunden in die der Region und des Landes, hat sich nicht nur im Bereich der Schrift und Sprache, der Ideen und Ideologien, der Handlungsfreiräume und Leiden, sondern auch der Bauten und Land-Kultivierungen abgespielt und überliefert. Alle dinglichen Spuren menschlicher Tätigkeit in der historischen Stadt sind Quellenbelege für vergangenes Geschehen. Umgekehrt kann nur ein ausreichender Wissensstand von »Geschichte« die Stadtgestalt verständlich, be-greifbar machen. Alle Fragestellungen und Versuche von Gestaltanalysen müssen die Verknüpfung von Geschichte und Form zur Leitlinie haben, alle Ergebnisse werden am Stand unserer historischen Kenntnisse zu messen sein.

– Welche Fakten der Stadtgeschichte sind auf politischem, kirchlichem, wirtschaftlichem, verkehrlichem Sektor einschneidend und richtungsweisend gewesen?

– Wo zeigen sich dingliche Spuren, die das Stadtimage und die Stadtgestalt gleichermaßen geformt haben?

– Welche historischen Ereignisse wie Brand, Krieg, Überschwemmung usw. haben sich unmittelbar auf die Stadtgestalt ausgewirkt?

– Wie stark sind Wirtschafts- und Verkehrskomponenten vom Mittelalter bis zum 20. Jahrhundert an den Veränderungen der Altstädte und der Neugestaltung von Erweiterungsgebieten wirksam geworden?

– In welchen Stadtbereichen und Zeitabschnitten haben sich »große« und »kleine« Geschichte, Landes- und Individualgeschichte genähert und wo klaffen sie weit auseinander?

Auf die Veränderungen der Städte im 19. Jahrhundert zu sprechen kommend, muß vor allem der intensive Wandel durch Wirtschaftsfaktoren genannt werden. Auch hier besaßen kleine Anfänge die Kraft, für Jahrzehnte wirksam, motivierend zu bleiben. Die Entwicklung des **Mannheimer** Hafens hat mit Dampfschifffahrt und Eisenbahn den Ruf Mannheims als Industriestadt begründen helfen. Ein Markierungspunkt war die 1831 unterzeichnete Mainzer Rheinschiffahrtsakte, die 1868 durch die Mannheimer abgelöst wurde. Technische Entwicklung und freie Schiffahrt auf dem Rhein trugen dazu bei, daß sich der Wandel von einer stillen, aufgegebenen Residenz- und Festungsstadt zur Industriestadt in raschen Schritten vollziehen konnte. Der Rheinhafen war 1840 neben dem älteren Neckarhafen eröffnet worden; er entwikkelte sich zur Kopfstation der Großschiffahrt und zum Verteiler von Massengütern im süddeutschen Raum (Abb. 55). 1870/76, 1885, 1890/94 folgten weitere Hafenum- und -neubauten. Ge-

Ortsbauentwicklung Konstanz

1 Münster   **4** St. Stephan
2 St. Gregor **5** St. Lorenz
3 St. Johann **6** St. Paul

✚ Kirchengründung bis 10. Jh.
⛫ Kirchengründung ab 11. Jh.
▨ Markt
── Gesicherter Mauerverlauf (Spätmittelalter)
- - - Entwicklungsgrenzen teilweise gesichert
······· Entwicklungsgrenzen ungesichert

58

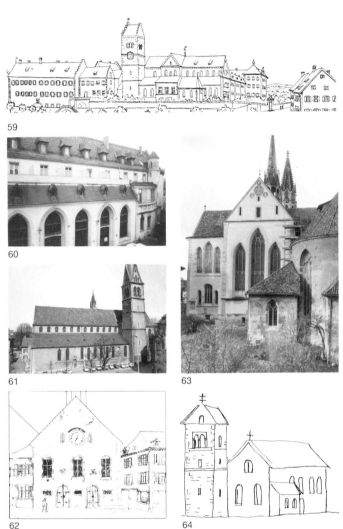

59

60

61   63

62   64

Altstadt

Die konkrete bauliche Entwicklung einer alten Stadt ist jeweils kaum noch nachvollziehbar. Wie die historisch wirksamen Kräfte Gestalt annahmen, wie diese Gestalt sich ständig ändernd fortgeführt wurde und dem Menschen durch Jahrhunderte Heimat war im Wechselspiel von beharrenden und verändernden Komponenten, ist immer nur annäherungsweise zu vergegenwärtigen. Altes Bildmaterial, Bau- und Bodenforschung, schließlich gesicherte Rekonstruktion sind Schritte auf dem Weg zu genaueren Kenntnissen gebauter Geschichte. Für Konstanz können Kenntnisse und weiße Flecken nur angedeutet werden. So beruht die Karte mit der hypothetischen Stadtentwicklung (Abb. 58) auf älteren Lehrmeinungen, die durch neue Ergebnisse der Stadtarchäologie ständig korrigiert werden.

In einem römischen Erdkastell (?) auf dem höchsten Punkt der Uferzone wurde um 600 n. Chr. ein Bischofssitz eingerichtet. Der wohl im 9. Jahrhundert zur »Bischofsburg« ausgebaute Bereich schloß die allmählich entstehenden Domherrenkurien ein. Als ottonische Gründungen zweier Bischöfe des 10. Jahrhunderts entstanden nicht weniger als fünf Kirchen, die das noch offene Areal der Stadt »more Romano«, d. h. entsprechend den römischen Hauptkirchen, weitgehend absteckten: Neben Dom (Abb.

65 66

67

68 ▲ ▼ 69

63) und St. Stephan (Abb. 61), die bereits als Kernzelle bzw. »extra muros civitatis« bestanden, wurden St. Mauritius und St. Johann (Abb. 60), St. Lorenz (Abb. 62), St. Paul (Abb. 64), das Spital und St. Gregor (= Petershausen, Abb. 59) neu errichtet. Die zugehörige Dienstleutesiedlung zeichnet sich mit der Niederburg, der bischöfliche Fronhof mit dem Kern von Stadelhofen ab. Ein Markt schloß in der 1. Hälfte des 10. Jahrhunderts unmittelbar an die »Bischofsburg« an. Hauptachse bildete die Zollernstraße.

Eine größere Ausweitung erfuhr Konstanz im 13. Jahrhundert: Diesmal bildete die Hauptachse die Marktstätte, der neue zum See hin verlängerte Straßenmarkt. Ein weiterer Stadtteil wurde bereits ab 1252 mit dem Neugassenviertel gewonnen. Diese frühe Erschließung neuen Baugeländes durch Parzellierung eines großen Obstgartens des Bürgers Heinrich in der Bünd ist schon oft kommentiert worden. Bald erfolgte der Mauerbau der 3. Erweiterung bis zum Schnetz- und Schlachttor (Abb. 66). Schließlich erreichte die Altstadt mit der Einbeziehung von Stadelhofen und Petershausen in der Ummauerung des 15. Jahrhunderts ihre endgültige Ausdehnung.

Gesicherte Anhaltspunkte für das tatsächliche Aussehen einer Stadt im hohen oder frühen Mittelalter sind selten gegeben. Je weiter man in den Jahrhunderten zurückgreifen will, um so spärlicher werden die Befunde. Nur eine kombinierte Methode der Bau- und Bodenforschung, der kritischen Prüfung aller schriftlichen und bildlichen Quellen kann Rekonstruktionen »wie es war« ermöglichen. Auch für Konstanz gilt, daß in der Frühzeit nur die Mittelalter- und provinzialrömische Archäologie gesicherte Grundlagen liefern können, um sich von schwachfüßigen Theorien zu lösen. Der Münsterhügel ist seit 1887 Gegenstand der Forschung. Eine Zusammenzeichnung der Befunde (Abb. 65) zeigt, wie spärlich unsere Kenntnisse vom römischen Konstanz (Gräben einer Befestigung) und vom frühmittelalterlichen (Gebäudefundamente) sind. Die Bischofspfalz ist in Zeichnungen (Abb. 41) als Gebäude des 12. Jahrhunderts gesichert.

Ähnlich steht es mit den Wohngebäuden der Altstadt. Hier sind wir noch mehr auf Vermutungen, Grundrißfragmente und Mauerreste angewiesen, so daß von dem Konstanzer Haus des frühen Mittelalters (noch) nicht gesprochen werden kann. Der Hinweis auf das 1872 abgebrochene Schlachttor (Abb. 66) diene der Verdeutlichung, wie Steinbauten und Türme eine sonst eher gleichförmig-niedrige Stadtgestalt akzentuiert haben. Diese Akzentsetzung durch Türme hat sich – etwas übersteigert – die Ansicht von 1575 zu eigen gemacht (Abb. 67). Dabei kommt die Masse der Häuser in ihrer kleinteiligen Individualität etwas zu kurz. Wichtig ist das Wissen um eine zwischen Reparatur und Neubau ausgeglichene Beibehaltung der Stadtgestalt. Das ließ »Entwicklung« zu, stürzte aber die einmal gefundene gotische Grund- und Aufrißfigur nicht mehr wesentlich um, so wie es uns die Ansicht von 1733 (Abb. 68) und die Luftaufnahme von 1985 zeigen (Abb. 69).

70

Stadterweiterung

Die Gemarkungskarte Konstanz von 1876 zeigt im Vergleich mit der Stadtkarte von 1975 anschaulich, wie sich die Stadt in 100 Jahren veränderte. Diese am Stadtgrundriß bis zur Parzellenschärfe ablesbaren Veränderungen bedürfen jedoch der Erläuterung. Es handelt sich nicht nur um flächenhafte Ausweitung nach den hier einzig möglichen Richtungen Westen und Norden/Nordosten, sondern auch um Verdichtung in der Altstadt. Ergänzend zum Grundriß sollte die körperhafte Erfassung des Gebauten in Isometrien, Luftaufnahmen, Fassadenabwicklungen usw. treten (siehe nächste Seite). Auf diese Weise werden Gestalt- und Lagequalitäten der einzelnen Erweiterungsetappen erkennbar, die eine bessere Beurteilung des Gebauten erlauben.

Der Plan von 1876 vermittelt den Eindruck einer völlig geschlossenen Altstadt mit lockerer Bebauung des westlichen Vorfeldes und rechtsrheinisch vereinzelte Villen auf der Seeseite, we-

nige Fabriken an Petershausen anschließend flußabwärts. Insgesamt lassen sich ältere Begrenzungen und Wegführungen außerhalb der Altstadt gut ablesen: Vom Rhein ausgehend sind sowohl in Petershausen wie beim Schottenkloster die barocken Hornwerke noch vorhanden, im Süden sind sie am Verlauf der Schweizer Grenze noch zu erkennen. Vom ehem. Inneren Paradieser Tor ausgehend bildet die Gottlieber Straße die wichtige Ausfallstraße Richtung Zürich. Von ihr abzweigend und bis heute das sonstige Rastersystem durchbrechend erschloß die Bruelstraße den Vorort Paradies. Auch auf rechtsrheinischem Gebiet bilden noch die älteren Straßen bis heute das Grundgerüst, wie Neue Seestraße, Mainaustraße, Wilhelmstraße, Reichenaustraße.

Der Stadtplan von 1975 bietet zunächst ein verwirrend vielfältiges Bild, dessen bauliche Entwicklung in einzelnen Schüben und bestimmten Richtungen erfolgte. Auf einige sei hier hingewiesen, da sie die Baugestalt der Erweiterungsgebiete wesentlich geprägt haben. Ein vielteiliges, abwechslungsreiches und jeweils zeit-

KONSTANZ

71

typisch gestaltetes Umfeld der Altstadt wurde zu dem, was heute die Große Kreisstadt Konstanz ausmacht; das jüngste Attribut »Universitätsstadt« ist allerdings nicht mehr ablesbar, da sich die Universitätsbauten jenseits des Bodanrücks (nördlich des Planrandes) befinden. Man kann nun mehrere Perioden unterscheiden, die mit der Frühzeit der Industrialisierung beginnen und städtebauliche Akzente setzten.

Der Bahnbau 1858−63 hatte besonders am östlichen Altstadtrand bauliche Folgen, wie Postgebäude, Hotels, Finanzamt, unter völliger Neuanlage des Bahnhofsplatzes. An der westlichen Altstadtgrenze wurden mit Autoritätsabständen öffentliche Gebäude aneinandergereiht, wie Lutherkirche, Amtsgericht, Bezirksamt, Schulen, dahinter Krankenhaus, Gefängnis. Der verdichtete Ausbau Richtung Paradies begann langsam ab den 70er Jahren. Einen städtebaulichen Akzent setzte die prunkvolle Seestraßenbebauung ab 1874, die als eine Art Brückenkopf das Stadtbild an der Rheinausmündung verdichten, sicher damals

auch »großstädtischer« machen sollte. Am See entlang blieb dagegen die lockere, in reiche Gärten gebettete Villenarchitektur für gehobene Schichten, Pensionäre usw. maßgeblich.

Gegen das Jahrhundertende und danach bis ca. 1914 konzentriert sich ein mehr spekulativ tätiges Bauen in geschlossener Bauweise an Braunegger- und Garten-, Blarer- und Döbelestraße, während die verkehrsbelastete Situation in Petershausen durch Kasernen- und Schulbau und nach Westen durch Industriebauten nicht verbessert wurde. Der Siedlungsbau der 20er Jahre schafft neue, betont als »gesünder« empfundene Akzente:

Die Siedlung an der Turnierstraße um Innenhöfe, die Sierenmoossiedlung mit Gärten und jeweils zweigeschossigen Reihenhäusern unterscheiden sich deutlich von den vorhergehenden verdichteten Spekulationsbauten. Ein Versuch mit Einfamilienhäusern findet am Alten Graben statt. Schließlich bleibt noch die Blockbebauung zwischen Markgrafen-, Alemannen- und Hindenburgstraße erwähnenswert.

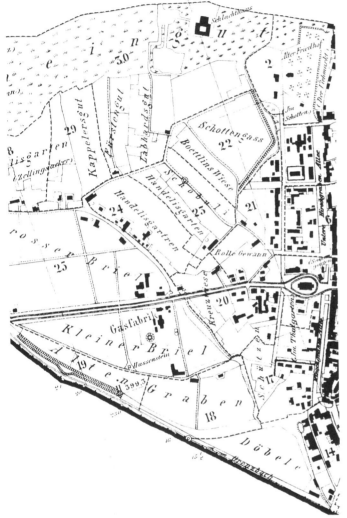

72

73 ▲   ▼ 74

Paradies

Die Kartenausschnitte zeigen das Gebiet westlich der Altstadt von Konstanz mit der Bezeichnung »Paradies«, die an dem ehemaligen Reduktions-Vorstadtgebiet seit ca. 1250 haftet. Es soll verdeutlicht werden, wie dieser Vorstadtbereich, als dörfliche Fischersiedlung und viel Ackerland zwar befestigt, aber kaum überbaut, erst im späten 19. Jahrhundert zum Bauerwartungsgebiet wird. Bis heute haben sich dort wichtige Bauvorgänge der Stadt abgespielt, wie etwa Erweiterungsbauten der Fachhochschule oder die Verkehrsbauten der zweiten Rheinbrücke.

Der Ausschnitt aus der Gemarkungskarte von 1876 (Abb. 72) zeigt deutlich, wie ältere Straßenzüge mit Einzelbebauung (besonders an der Bruelstraße) die ehemalige alte Situation noch belegen und wie sich die Schanzen im Gelände beim Schottenfriedhof abzeichnen. Das Paradies war bereits in der 1. Hälfte des 16. Jahrhunderts von einem Graben umgeben, der 1639 durch einen Wallgürtel ersetzt wurde (vgl. Abb. 68); aus derselben Zeit stammt das Bastionärsystem mit Gräben und Schanzen, das sich im späteren Straßennetz nicht durchsetzen konnte. Weit vorgeschoben haben bereits Gasfabrik und Schlachthaus (Rheinnähe!) Posten bezogen. Ansonsten entwickelte sich die Neubebauung entlang der Laube, die damals noch Hirschgrabenallee und Viehmarkt hieß und den eigentlichen Grabenbereich vor der Mauer markiert. In unmittelbarer Altstadtnähe, auf Festungsgrund und mit Rastervorstellungen zahlreicher anderer Stadterweiterungsgebiete entstanden vor allem öffentliche Bauten, aber auch ein so markanter Wohnblock wie an der Schottenstraße, der mit seinen drei Risaliten an die gleichzeitige Kloster-Kaserne erinnert. Auf der alten Aufnahme vom Münster um 1875 (Abb. 73) fallen besonders auf dieses langgestreckte Wohnblockprojekt mittig (1874, Abb. 74) und das ehemalige Amtsgericht rechts (1846).

Ein entsprechender Planausschnitt 50 Jahre später (Abb. 75) zeigt eine Mischung aus der »Macht des Faktischen« und neukonzipierten Anlagen, die als Umsetzung älteren Ideengutes vom Jahrhundertbeginn an zu verstehen sind. Das rektanguläre System der 70er Jahre wird nach Westen fortgeführt. Es entstehen die Siedlung an der Turnierstraße mit verschindelten Reihenhäusern und großen lichten Innenhöfen (Abb. 77) oder die Einfamilienhaussiedlung an der Marmor- und Dacherstraße. Damit ist zum dörflichen Kernbereich Paradies hin ein städtebaulich neuer Weg beschritten, nämlich von der in der Regel dichten, hohen Miethauszeilenbebauung der Jahrhundertwende zur lockeren Reihen- und Einzelhausbebauung mit der Direktive des gesünderen Wohnens und verteilter Eigentumsverhältnisse.

Der Ausschnitt aus der Stadtkarte von 1975 (Abb. 78) zeigt insbesondere die Inangriffnahme neuer Kommunalaufgaben wie Schul- und Sportzentren (Abb. 80), Wohnhoch- und -blockbebauung zur Steuerung der Wohnungsnot. Schließlich ist das einschneidende Verkehrskonzept mit der zweiten Rheinbrücke etwas westlich des Plans zu vergegenwärtigen, das Entlastung der Altstadt und der alten Rheinbrücke bringen sollte (Abb. 79). In seiner Folge wird wiederum die enge Verflechtung der Probleme Wohnen und Verkehr, Arbeiten und Erholung anschaulich.

75

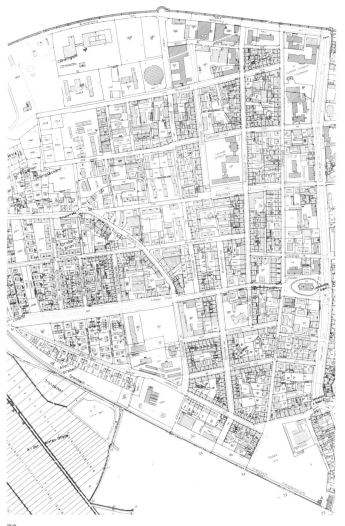

78

76 ▲ ▼ 77

79 ▲ ▼ 80

Ortsbauentwicklung Stadt

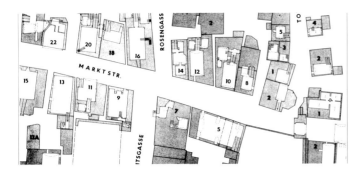

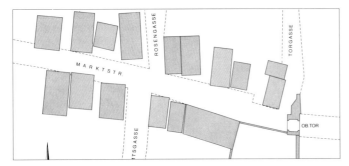

81 ▲   ▼ 82

Die heutige Erscheinung von Altstädten ist vielschichtig und sehr komplex, das Herausarbeiten einzelner Entwicklungsstufen stößt auf große Schwierigkeiten. Will man sich nicht mit reinen Hypothesen begnügen, müssen konkrete Bauforschung, Quellenstudium, Aufmaßarbeit geleistet werden. Erfolge stellen sich gewöhnlich nur bei einer gewissen Systematik ein. Das systematische Aufmaß von Kellergrundrissen wie in **Marbach** (Abb. 81) kann Aufschluß geben über eine ältere Bebauung, die sonst im Aufgehenden nicht über den Stadtbrand von 1693 zurückreicht. Die steinernen Gewölbekeller haben diesen Brand überdauert und wurden so weit wie möglich wieder benutzbar gemacht. Ihre Abweichungen vom heutigen Hausbestand geben exakt Nachricht von Situierung, Ausrichtung, Größe der mittelalterlichen Vorgängerbauten. So ist der vollständige Kellerkataster eine wertvolle Hilfe bei der Erforschung einer verbindlichen Geschichte der Stadtbauentwicklung.

83

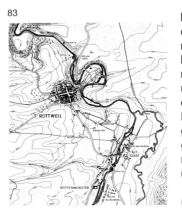

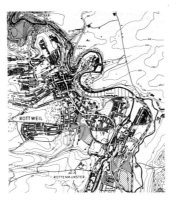

»Planvermessene« Stadtbauentwicklung ist erst seit dem frühen 19. Jahrhundert nachvollziehbar. Vom Aussehen der Altstädte davor können wir durch Stadtansichten und summarische Stadtpläne ein ungefähres Bild gewinnen. **Rottweil** besitzt in der Pürschgerichtskarte von 1564 ein ungemein wertvolles Zeugnis seines damaligen Aussehens (Abb. 82).

Die Fassaden sind einfach umgeklappt und berichten vom gleichförmig-variablen Stadtaufriß mit Putzbauten und wenigen Fachwerkaufbauten auf Steingeschoß. Es erscheinen bereits charakteristische Eigenheiten Rottweils: Traufständigkeit, Kellerhälse, Erker (»Ausstöße«) und Aufzugszwerchgauben.

Die Flurkarten von 1840, 1900, 1970 geben korrekt die Wandlungen im Verlauf der letzten 150 Jahre wieder, die sprunghafte Entwicklung rings um Kern- und Altstadt sowie ihre Verdichtung (Abb. 83).

Die Erstflurkarte kann eine 2000jährige »innere« Entwicklung andeuten: Angefangen von den Kastellen der Arae Flaviae zum Dorf »Rotwil« um die Pelagiuskirche in der »Altstadt«; dann Verlagerung des Marktes auf einen von der Natur geschützten Platz 1 km neckarabwärts, dort Anlage eines breiten Straßenkreuzes, das eigentliche Rottweil.

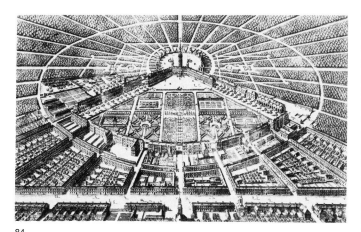

84

Ganz anders die Stadtgründung der Barockzeit. **Karlsruhe** mit der Grundrißidee vom 32strahligen Stern ist eine unerhört symbolhafte Darstellung des absolutistischen Fürsten (Abb. 84). 1715 hatte Markgraf Karl Wilhelm den Grundstein zum Karlsruher Schloß gelegt und den Privilegienbrief für bauwillige Bürger ausgeschickt. Diese mußten sich dem Reglement der Fürstenstadt unterwerfen: eingeschossige Modellhäuser mit Mansarddach, nur die arkadenbesetzten »Zirkelhäuser« am Viertelkreis des Schloßplatzes zweigeschossig, alles in Fachwerk. Die Maßvorschriften brachten findige Bauunternehmer auf den Gedanken, modellgerecht zugeschnittene Kanthölzer samt Zubehör auf den Freitagmärkten fix und fertig zum Zusammennageln anzubieten – Einfamilienhäuser in Fertigbauweise. Rot gestrichen sollte der einheitliche Farbton die Sauberkeit holländischer Dörfer mit ihren

Klinkerbauten nachahmen. Doch bereits eine Generation später mußte die Stadt neu gebaut werden, diesmal zweigeschossig von Stein bis zur Dachtraufe. Schließlich haben das 19. Jahrhundert durch Geschäftsbauten, die Zerstörungen des 2. Weltkrieges und der Wiederaufbau nur Spuren der barocken Stadt übriggelassen, deren Reste Denkmäler sind wie ansonsten der Grundriß.

Ein Musterbeispiel geplanter Stadtentwicklung in **Stuttgart** ist die vom »Verein für das Wohl der arbeitenden Klassen« 1892–1903 erbaute Kolonie Ostheim (Abb. 85, 86). Auf einem Idealstadtgrundriß mit streng orthogonal und diagonal geführten Straßen entstanden höchst individuelle zwei- und dreigeschossige (= Ecklage) Doppelhäuser. Persönliche Wünsche wurden in Grundriß und Ausstattung berücksichtigt. Preiswerte Mieten, individuelle Ausprägung, anspruchsvolle Gestaltung haben die Siedlung Ostheim zu einem vollen Erfolg werden lassen – trotz damaliger Kritik (»total verunglückt«). Heute ist Ostheim ein wertvoller Beleg für Stadtgestaltung um 1900, Bewältigung der Wohnraumbeschaffungsprobleme und eine wichtige Entwicklungsstufe der Stadterweiterung Stuttgarts.

85

86

Zusammenfassung und Fragestellung

Jede Stadt hat eine eigene bauliche Entwicklung hinter sich, deren Ablauf mit raschen oder langfristigen Impulsen, in Wachstums- und Reduktionsphasen erfolgte. Die Rekonstruktion der Stadtgestalt zur jeweiligen Zeit (von jetzt zurück bis zur Gründung) hat mit unendlich vielen Schwierigkeiten zu tun. Stadtgrundrisse und schriftliche Belege helfen zwar zu tragfähigen Hypothesen vom »wie es wurde«, aber erst der sächliche Befund kann schlüssiges Material und positiven Nachweis liefern. Dies wird auch bei Arbeiten der Stadtbaugeschichtsforschung erkannt und gewertet. Grabungen der Mittelalterarchäologie, das Kelleraufmaß, die Bauforschung am Einzelobjekt sind deshalb Möglichkeiten, mit kleinen Mosaiksteinchen zu einem sichereren, weniger hypothetischen Bild von der Entwicklung der Stadtgestalt zu kommen als bisher.

– Bei der Frage, wie sah die Altstadt um 1800, um 1500, um 1200 aus, helfen Stadtgrundriß und alte Pläne, Ansichten und Veduten; welche Vorarbeiten sind mit diesen Hilfsmitteln bereits geleistet oder noch zu leisten?

– Unmerklich wandelt sich das Gesicht der Stadt; wie summieren sich gerade die kleinen, unscheinbaren Veränderungen zur großen Entwicklungskomponente und wo sind überdimensionierte Schübe erfolgt, sei es im Kontinuum, sei es im Bruch?

– Wo finden sich Zeichnungen oder Fotografien der jüngeren und jüngsten Veränderungen an der Stadtgestalt, die ihre Fortentwicklung belegen?

– Gibt es bereits detaillierte Hausforschung mit Keller- und Hausaufmaß, um die einzelnen Entwicklungsstufen der Kernstadt genauer nachzeichnen zu können?

– Sind die jüngeren Entwicklungen um die Altstädte herum ausreichend dokumentiert und erforscht, damit auch hier mehr sicheres Wissen statt Hypothesen gelten kann?

Sozialtopographie Konstanz

Salmannsweilergasse 36

88

89

Gebäude sind Ausdruck ihrer Entstehungszeit, aber auch ihrer Auftraggeber. Bei den Altbauten unserer Städte lautet deshalb eine wichtige Frage, wer wo was gebaut hat. Topographie (Beschreibung der Gebäudelage) und Soziographie (Beschreibung von Bevölkerungsgruppen) sind unter historischen Gesichtspunkten wesentliche Teile einer Stadtanalyse.

An der Konstanzer Altstadt ist bereits am Grundriß die Dominanz einiger Großbauten ablesbar: Münster, Kirchen, Klöster, öffentliche Gebäude. Der Kirchenbereich um das Münster ist dicht besetzt mit ehem. Domherrenhöfen, die aus früh vergabten Grundstücken mit viel Freiraum und Gärten bestehen. Die Kleinparzellierung an Konradi- und Rheingasse spiegelt Verhältnisse der Ältest-Handwerkersiedlung in der Niederburg wider. Ebenso deutlich summieren sich Turm- und Patrizierhäuser an der Hauptstraßenachse oder in ihrer Nähe (Hussen- und Wessenbergstraße). Die Kleinteiligkeit der Grundstücke an der Zollernstraße mag mit der Verlagerung des Marktes nach Süden, mit dem Gedrängel um den besten Platz erklärbar sein (Bechtold: Umzüge erfolgten von außen nach innen und zeigten sozialen Aufstieg an). Die Konzentration der Zunfthäuser im Südteil zwischen Marktstätte, Hussen- und Rosgartenstraße berichtet vom Drang der Zünfte ins Zentrum und vom Fehlen ausgesprochener Spezial-Handwerkerviertel oder -straßen (bis auf Gerber und Weber). Entsprechend der Aufriß: Kleinteilige bis viergeschossige Reihenbauweise mit Fensterbändern und Traufdach im Bereich der Bürger und Handwerker, großzügigere, dabei »nur« dreigeschossige Gebäude im Kirchenbereich. Kleinhäuser der Unterschichten finden sich vermehrt in der Stadelhofer Vorstadt. Für das 19. Jahrhundert sind charakteristisch geworden die Neubauten des Bahnhofsviertels, Miethaus-Reihenbebauung in häufig noch freiem Gelände; oder anstelle mittelalterlicher Kleinhäuser die prunkenden Geschäfts-Wohnhäuser der Rosgartenstraße.

Die Wessenbergstraße zeigt in dem kurzen Abschnitt von der Münzgasse bis zur Salmannsweilergasse (Abb. 88) einen charakteristischen Hausbestand mit turmartigen Bauten des Patriziats, mit einigen größeren bürgerlichen und wenigen Handwerkerhäu-

◄ 87

Kirche

Kirche profaniert

Kloster, geistlicher Besitz

Zunft-, Rat-, Kaufhaus

Adels-, Turmhaus

Öffentliches Gebäude 19./20. Jh.

Wohnhaus

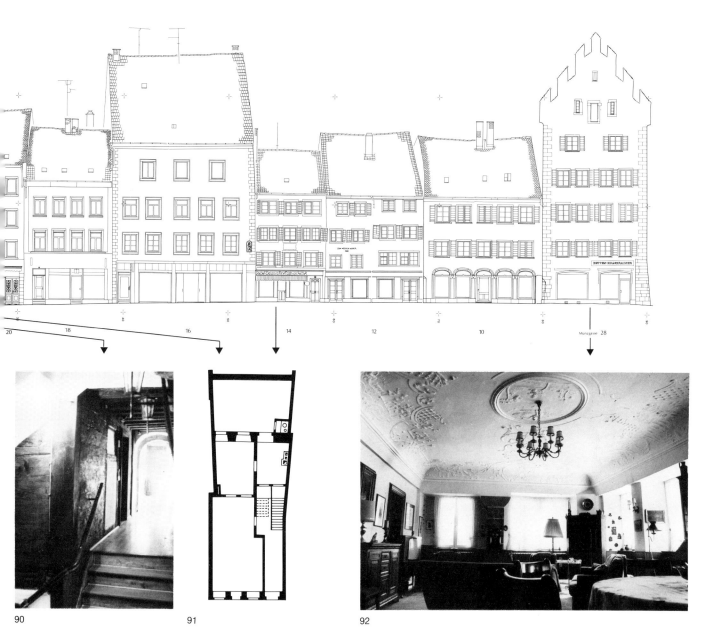

90   91   92

sern. Das Eckhaus Salmannsweilergasse 17, das Haus zum Vorderen Kranich, verweist mit dem Doppelwappen an der Hofmauer (Abb. 89) sowie spätgotischen Türen und Fenstern auf eine Baumaßnahme des 16. Jahrhunderts. Im Innern bestätigen dies eine Balkendecke mit aufgesetzten Scheiben und der Standerbohleneinbau im 1. Obergeschoß (Abb. 90). Auf langschmalem Grundriß zeigt das Haus den Wohnsitz einer vermögenden Familie, wobei später Apotheker und Ratsbeisitzer als Eigentümer überliefert sind. – Viel stattlicher war das Haus Wessenbergstraße 16, zum Goldenen Löwen (Schultheiß), neben dem sich ein Handwerkerhaus, Nr. 14, befindet. Dessen charakteristischer Grundriß (Abb. 91) zeigt Laden bzw. Handwerkerstube, den schmalen Hauseingang zur Treppe, rückwärts Magazin und Höfchen. Wohnen und Schlafen spielten sich in den Obergeschossen ab, das Erdgeschoß war ganz dem Arbeiten vorbehalten. Hier sind seit dem 16. Jahrhundert metallverarbeitende Handwerker nachzuweisen, so Goldschmiede oder Zinngießer.

Das prächtigste Haus der Reihe ist der Hohe Hirsch, Münzgasse 28. Mit seinen fünf Geschossen und dem Schrägzinnengiebel als Hoheitszeichen prägt er die Straßenecke. Der gotische Fenstererker zur Münzgasse zeigt das Doppelwappen der Muntprat und Gaisberg, zuvor war es im Besitz der Familie von Ulm. Auch noch im 17./18. Jahrhundert besitzen es Ratsangehörige bzw. Adelige (von Precht, von Storer, von Köfferlin). Der große Raum im 1. Obergeschoß zeigt mit dem schlichten Fensterpfeiler eine frühe Form dieser Konstanzer Eigenheit, die Stuckdecke berichtet von der Schmuckfreude des 18. Jahrhunderts (Abb. 92). Der Raum spricht für die Großzügigkeit des Wohnens in der sonst gedrängt bebauten Altstadt, der Name »Hoher Hirsch« weist wie andere Häusernamen mit dem »Hoch« als Beiwort auf die patrizische Bauherrenschaft. Ecklage, Erscheinungsbild und Räume des Hauses werden durch Informationen über Erbauer und Bewohner verständlicher.

Die Verteilung der Grundstücke in der Stadt mit ihrer Bebauung reicht oft weit ins Mittelalter hinauf. Dennoch sind Grundstücks- und Baugrundmobilität ein jeweils intensiv zu verfolgendes Studienobjekt, das uns erläutern könnte, warum gerade hier gerade dieser Bauträger zum Zuge kam. Die Kartierung von Grund- und Hausbesitz in der Konstanzer Altstadt zeigt im Grobraster, daß sich kirchliche Anteile, »bürgerliche«, d. h., im Spätmittelalter nach Geschlechtern und Handwerkern (Zünften) unterschiedene, sowie solche der Lohnabhängigen (bes. im agrarischen Bereich und Leute zur Miete) trennen lassen. Freilich ist dieses komplizierte Geflecht mit der auch damals üblichen Mobilität nur eingeschränkt darstellbar.

Im Münsterbereich konzentriert sich seit dem frühen Mittelalter kirchlicher Besitz mit Domherren- und Pfarrhöfen, Kanonikats- und geistlichen Pfründehäusern, wie z. B. die gotische »Domschule« in der Konradigasse (Abb. 93). Eine jüngere Gründung, das Jesuitenkolleg, schien im frühen 17. Jahrhundert nur noch durch nahe Anbindung an das Münster zu gelingen. Der Magistrat wollte zunächst keine Baulichkeiten für eine dauernde Niederlassung gestatten. Dennoch bekam der Orden einen Domherrenhof und einen Teil des bischöflichen Gartens zugewiesen, in dem 1604 der Grundstein zu Kolleg und Kirche (Abb. 94) gelegt wurde. Nun änderte auch der Stadtrat sein Verhalten und gab ein großes Landstück bis zur Stadtmauer, einen Sumpf »quakender Frösche Quartier, aus dem böse Dünste aufstiegen«. 1609 bzw. 1611 war der Komplex mit Kirche, Kolleg, Gymnasium, Spital bereits vollendet. Er prägte das Gebiet östlich des Münsters neu unter Verstärkung des »geistlichen« Charakters.

Im 19. Jahrhundert konnte für die evangelische Gemeinde in städtebaulich wichtiger Lage ein Kirchenneubau errichtet werden: die Lutherkirche (Abb. 95) stellte man 1864 in die Achse der westlichen Ausfallstraße und des damals neu zu erschließenden Erweiterungsgebietes. Programmatisch steht so ein Kirchenneubau der Stadt, in der die Reformation nur kurzfristig Fuß fassen konnte, im liberaleren 19. Jahrhundert knapp außerhalb der Altstadt, einen neuen historischen Abschnitt und eine neue städtebauliche Aktivität markierend.

96 ▲   97 ▲   ▼ 98

95

93 ▲   ▼ 94

Die »Geschlechter«, d. h. der Stadtadel, der aus bischöflichen Ministerialen, Fernkaufleuten und thurgauischem Landadel erwuchs, hatten sich besonders entlang der Hussen- und Wessenbergstraße, also nicht am Markt, festgesetzt. Ihre »hohen« Häuser und turmartigen Gebäude kennzeichnen noch heute den westlichen Bereich der Altstadt als einen stattlicheren, anspruchsvolleren. Das Haus zum Goldenen Löwen stellt einen dieser frühen Wohntürme dar, der in der Renaissance mit prächtigen Fresken verziert wurde (Abb. 96). Er steht – der Name spricht für sich – nahe der Hohenhausgasse. Die Geschlechter besaßen ein Haus für ihre Zusammenkünfte zunächst an der Münzgasse, jedoch verlegte man es demonstrativ in die Nähe des Bischofs, in das heute noch bestehende Haus »zur Katz«. Der bedeutende Bau von 1424 läßt mit seinen großen Fenstergruppen und den Bossenquadern Anklänge an italienische Palazzi verspüren und demonstriert den Rang der »Geschlechter«, die sich hier versammelten (Abb. 97).

Mögen für Verfassung und Stadtregiment das Rathaus und die Stadtkanzlei, später das (leider 1962 abgebrochene) Palais des österreichischen Stadthauptmanns stellvertretend genannt sein, kennzeichnet das »Bezirksamt« von 1891 trefflich die neue Situation (Abb. 98): Als Sitz der Verwaltung für ein Bezirksamt etwa in heutiger Landkreisgröße zeigt das Gebäude politischen Wandel und bauliche Weiterentwicklung an. Am Rand der Altstadt und auf bisher unbebautem Gelände bildete sich im 19. Jahrhundert ein Viertel mit den neuen öffentlichen Aufgaben der Staatsräson und -fürsorge aus.

Die Stadtgeschichte von Konstanz im späten Mittelalter ist geprägt von den Auseinandersetzungen zwischen Geschlechtern und Zünften, die sich durch langdauernde Kämpfe und Zunftaufstände des 14./15. Jahrhunderts kundtun. Ein Endstadium scheint 1430 erreicht zu sein, als die paritätische Besetzung des kleinen und großen Rates gelang. Die Zünfte besaßen eigene Häuser, die, abgesehen von Gerbern und Fischern, nicht gewerbelagemäßig gebunden waren. Es fällt aber auf, wie sich die Zunfthäuser im mittleren Bereich der 2. Stadterweiterung des 13. Jahrhunderts häufen, d. h. in einem Stadtgebiet, dessen Grundstücke stärker als am Markt und an der Hauptachse noch offen waren für neuzuziehende oder aufsteigende Handwerke und ihre Organisationsbestrebungen.

Für einen Handwerkerzusammenschluß seien die Gerber an der Stadelhofener Stadtmauer genannt (Abb. 99), die wegen Geruchsbelästigung und Wasserverbrauch auf einen randlichen Standort angewiesen waren. Sonst scheint es in Konstanz nicht zu Vierteln oder Gassen mit ausschließlich einer Handwerkssparte gekommen zu sein, auch nicht zur Zeit, als die Leinwandweberei frühen Wohlstand und eine Wirtschaftsblüte für die Stadt brachte.

Das Zunfthaus der Metzger (Abb. 100), heute das Rosgartenmuseum, ist wohl das größte und berühmteste der Zunfthäuser. Es liegt inmitten der anderen Zunfthäuser und macht trotz späterer Umnutzungen, bevor es 1871 Museum wurde, einen wesentlichen Machtfaktor der mittelalterlichen Stadt anschaulich.

Im späten 18. Jahrhundert erwartete man durch die Aufnahme neuer Fabrikationsarten einen wirtschaftlichen Aufschwung, gefördert durch die Zuziehung Genfer Fabrikanten und die Einrichtung der Indiennefabriken. Jedoch blieben bis zur Aufhebung der Zunftorganisation 1862 und darüber hinaus Handwerk und Gewerbe die tragenden Wirtschaftszweige. Von der späteren Neuorganisation mag der Handwerkskammerbau von 1914 berichten, der wiederum im westlichen Erweiterungsgebiet am Rheinufer entstand (Abb. 101).

99 ▲   100 ▲   ▼ 101

102 ▲   103 ▲   ▼ 104

Zuletzt ist noch von den Lohnabhängigen zu sprechen, die etwas ungenau mit »Unterschichten« beschrieben werden. Die Schar der Dienstboten, Gesellen, Taglöhner, später der Arbeiter macht zahlenmäßig ein Drittel bis zur Hälfte der Einwohner aus. Ihre Wohn- und Arbeitsverhältnisse lassen sich aber topographisch kaum, soziologisch nur schwer fassen, da sie immer zugeordnet, untergeordnet entweder bei anderen wohnten oder arbeiteten. Im mittelalterlichen Familienverband oder im Handwerksbetrieb sind sie wichtige Teile dieser Strukturen. Im Begriff zur Verselbständigung wird das Recht zum Grund- und Hauserwerb mit kleinen Anfängen am Stadtrand und in den Vorstädten zu suchen sein, von wo aus ein sozialer Aufstieg und dann Umzug zur Stadtmitte möglich werden konnte. Stellvertretend sei deshalb ein Kleinhaus der Neugasse gezeigt (Abb. 102).

Mit der Gründung von Fabriken ab 1786 (Macaire u. Herosé) beginnen Umwälzungen, die dann das ganze 19. Jahrhundert beherrschen. Die Fabriken werden rechtsrheinisch und flußabwärts angesiedelt, wie es sich aus dem Wasserbedarf, den Transportmöglichkeiten und dem Baugebietsangebot ergab (das Seeufer blieb den Villen reserviert). Eine Fabrik der Jahrhundertwende, das sog. Stromeyersdorf, berichtet vom Anwachsen der Tuchindustrie, der »Dorfkrug« am Fabrikeingang (Abb. 104) von der geregelten sozialen Einstellung und dem kontrollierbaren Kommunikationsangebot. Dazu sind noch Wohnraumschaffungsprogramme zu sehen wie die »Aktien-Gesellschaft zur Erstellung billiger Fremdenwohnungen«.

Für Lohnabhängige und Arbeiter wurden u. a. in städtebaulicher Verdichtung z. B. in Stadelhofen, der Zogelmann-/Scheffelstraße mit Miethäusern in Ziegelbauweise Wohnungen geschaffen (Abb. 103). Später sind Wohnblöcke bzw. Mehrfamilienhaussiedlungen entstanden, die besonders Petershausen zum Standort hatten.

Sozialtopographie Stadt

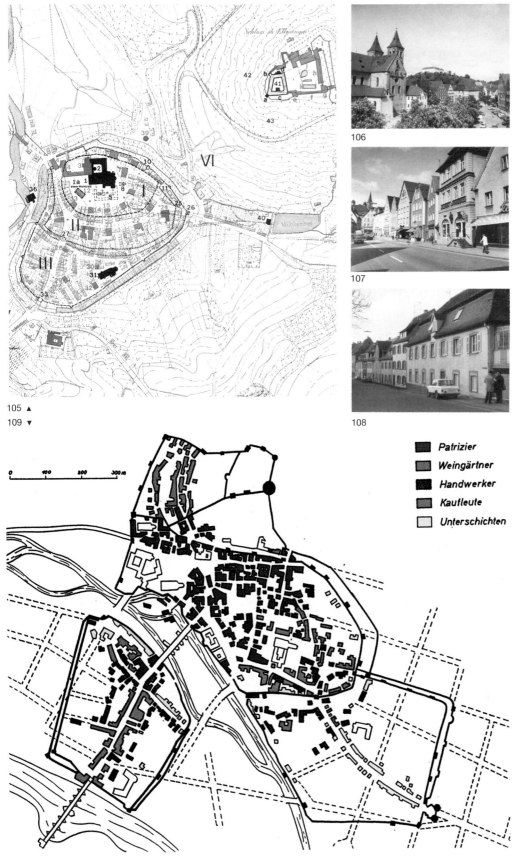

105 ▲
109 ▼

106

107

108

■ Patrizier

▨ Weingärtner

▩ Handwerker

▨ Kaufleute

□ Unterschichten

Bei den meisten Altstädten fällt eine gewisse Gebäudestrukturiertheit auf, die fragen läßt, **wer** gerade hier gebaut hat (bauen durfte). Die Gebäude sind Ausdruck ihrer Zeit und ihrer Auftraggeber. Die Aufschlüsselung der Gebäudelage vermittelt Kenntnisse von Hierarchien, Bevölkerungsschichtungen und den ihnen zugeordneten Bauwerken. Es ist deutlich, daß nicht jedermann überall bauen mochte, konnte und durfte. Die zugrundeliegenden Ursachen und Zwänge versucht die Sozialgeschichtsforschung aufzuhellen.

Ellwangen zeigt eine deutlich differenzierte Sozial- und Gebäudestruktur. Schließen sich um den innersten Kern die Stiftskirche, die Gebäude des Stiftsbereichs (Abb. 106) zusammen, so konzentrieren sich an Marien- und Spitalstraße große bürgerliche Häuser, Gasthöfe usw. (Abb. 107), daran anschließend kleinere Handwerker. Die Schloßvorstadt mit ihren traufständigen Reihenhäusern (Abb. 108) ist auf die Residenz der Fürstpröpste zu Hohenellwangen bezogen, eine geplante barocke Vorstadt für Hofbediensteten-Wohnungen.

In der etwas summarischen Karte mit der Sozialgliederung **Esslingens** (Abb. 109) sind fünf geschichtete Stadtbereiche zu erkennen, die bis heute bauliche Unterschiede aufweisen. Sind es im Norden in der Beutau die Weingärtner in kleineren Häusern, zentrieren sich die Patrizier in der inneren Stadt, so siedeln die Kaufleute an der Küferstraße und in der Pliensau, während die Handwerkerhäuser gleichmäßiger verteilt waren. Eindeutig sind die sogenannten Unterschichten in Randlagen, besonders in der Äußeren Obertorvorstadt, angesiedelt.

111

110

112

Von Anfang an spielen die mittelalterlichen Vorstadtbereiche eine Sonderrolle. Etwas verallgemeinernd kann gesagt werden, daß sich gerade in den Stadterweiterungsgebieten Unterschichten ansiedelten. Das konnten sein Häusler, Taglöhner, Gewerbetreibende, die durch Geruchsbelästigung oder Feuersgefahr in der eigentlichen Altstadt nicht so gern gelitten waren, vor allem in Kleinstädten, aber auch Bauern und Wengerter, die ihrem landwirtschaftlichen Areal näher sein wollten. Am Kleinhausbestand oder an einzelnen Nutzbauten lassen sich derlei Bevölkerungsschichten in den Vorstädten gut erkennen.

Eine völlig neue Problematik eröffnet sich im Industriezeitalter zunächst durch den Widerspruch von Planung und Spekulationswachstum, von geordneter Ansiedlung und ungesteuerter Standortwahl. Die Vielzahl von Entwicklungen und Kausalitäten zwingt zur Beschränkung auf ein Beispiel, das den Zuwachs an Kulturdenkmalen der jüngeren Technik- und Siedlungsgeschichte andeuten kann.

Das **Mannheimer** Rheinaugebiet wurde ab 1873 mit der chemischen Fabrik »Rheinau« (Abb. 110) auf einem ehemaligen Exerzierplatz neu bebaut, dem sich bald weitere Firmen anschlossen. 1895 begann der Hafenbau, der für den Kohlenumschlag besondere Bedeutung gewann. Im Anschluß an das Industriegelände (Abb. 111) wurde in Bahnhofsnähe ein Wohngebiet erschlossen. Während zunächst Baugesellschaften spekulativ den Bau von Miethäusern vorantrieben (ab 1897, Durlacher-Bruchsaler Straße), wurde 1900 die Gesellschaft »Einfamilienhaus« gegründet, die für Arbeiter Eigentumshäuser errichten sollte. Ca. 40 Arbeiterwohnhäuser konnten bis 1902 gebaut werden (Zwischenstraße, Abb. 112). Eine ansehnliche Zahl von Gewerbebetrieben kam hinzu, so daß Rheinau im Nebeneinander von Hafen, Industrie-, Siedlungs-, Gewerbe- und Wohnbauten stellenweise noch ein Bild vom Aussehen eines Industrieortes um die Jahrhundertwende mit seinen spezifischen Standortproblemen und -strukturen vermitteln kann.

Zusammenfassung und Fragestellung

Die Frage nach der Architektur als Ausdruck eines Standes, eines Programms, unterschiedlicher Funktionen führt zur Frage, wer an welcher Stelle was (warum) gebaut hat. Diese Fragen lassen sich in Altstädten nur beantworten, wenn von historischer Seite Auftraggeber und Architekt, Zweck und Tendenzen näher beschrieben werden können. Bei den öffentlichen Gebäuden und Kirchen ist dies leichter zu bewerkstelligen als bei der Menge anonymer Bauten. Dennoch kann etwa ein Häuserbuch mit den früheren Erbauern, Eigentümern, Gewerben wichtige Hinweise zur Beantwortung der oben angeführten Fragenkomplexe geben. Das Erscheinungsbild einzelner Straßen, Viertel, Stadtteile wird einsichtiger, erklärbarer, wenn man weiß, wer »dahintersteckt(e).« Das gilt entsprechend für die jüngere Entwicklung der verschiedenen Industrialisierungsperioden und Wohnraumbeschaffungsprogramme.

– Welche Bevölkerungsschichten sind in den vergangenen Jahrhunderten als Bauträger, als Bauherren tätig geworden?

– Welche Möglichkeiten gibt es, diese Personen kennenzulernen, etwa durch Hausgeschichten, Archivalien, Bauinschriften, Kaufbücher?

– Wo lassen sich in der Altstadt und in historischen Stadterweiterungsgebieten übereinstimmende Bauformen feststellen, die auf bestimmte Auftraggebergruppen schließen lassen?

– Sind Viertelstrukturen oder ihre Reste noch erkennbar und was sagen sie aus, z. B. als geistliche oder Verwaltungsbezirke, als Gewerbe- und Handwerkerbereiche, Gerber-, Weingärtner-, Fischerviertel. . . ?

– Gibt es charakteristische Gebäude(gruppen) und Bereiche, die ältere Sozialstrukturen und Standortwahl oder -zwänge des Bauträgers widerspiegeln, wie etwa Arbeitersiedlung und Wohnkolonie, Mühlenviertel, Fabrik- und Industrieansiedlung?

Baualter Konstanz

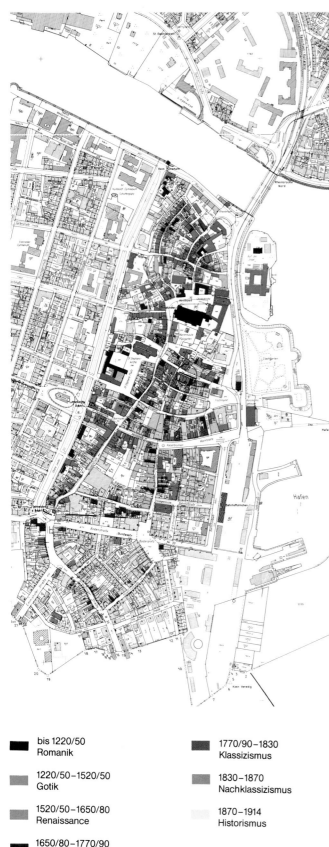

In jeder Altstadt und besonders auch in der Konstanzer hat man es mit überwiegend historischer Bausubstanz zu tun. Diese summarische Feststellung muß präzisiert werden durch die Frage, woraus sich diese Bausubstanz zusammensetzt, wie alt die Häuser im einzelnen sind. Antwort darauf gibt die Baualterskarte, die zumindest die Hauptentstehungs- oder Hauptumbauzeit eines Gebäudes mitteilt. Wir können uns aber vorstellen, wie schwer komplizierte Bauvorgänge, Reparaturen, Teilabbrüche am Wohnhaus nachzuvollziehen sind. Ganz selten gibt es Gebäude mit **einem** Baujahr, einem einzigen Bauvorgang. So beruht das Ergebnis der Baualterskarte auf sehr vielen Einzelbeobachtungen am Bau, Aktenstudien und Kenntnissen der datierenden Bauteile.

Die Regel lautet: je älter das Haus, um so komplizierter die Baugeschichte. Das Beispiel Zollernstraße mit dem so eindrucksvollen Laubengang kann anhand der herausgegriffenen Einzelteile belegen, wie verschiedene Bauvorgänge Spuren hinterlassen haben, und diese Spuren Handreichungen für eine relative Datierung liefern. Wenn bei Umbaumaßnahmen, Renovierungen, Archivforschungen neue Details aufgedeckt oder Baunachrichten bekannt werden, ist die Baualterskarte jeweils korrigierbar.

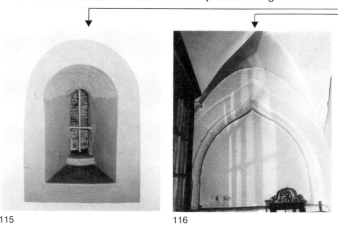

115   116

Am Haus Zollernstraße 19 weist ein rundbogiges Fensterchen (Abb. 115) zusammen mit Tor und Mauerwerk noch in romanische Zeit, d. h. ins 12./ frühe 13. Jahrhundert. So alt sind noch viele Häuser in Konstanz, die es aber nicht so deutlich zeigen. Häufig liegen nämlich datierende Bauteile, wie Fenster, Gesimse, Portale unter Putz oder an schwer zugänglichen Stellen. Jede Beobachtung an Mauerwerk und Mauergliederung, die einen Hinweis auf das Baualter liefern kann, ist deshalb von großer Bedeutung und sollte mit Foto oder im Aufmaß dokumentiert werden.

Die zugemauerte Tür am Haus Zollernstraße 21 (Abb. 116) belegt nicht nur einen älteren, fast mittig gelegenen Eingang, sondern auch die Entstehungszeit um 1400. Das feine Profil und die Bogenform des Eselsrückens ermöglichen diese Datierung. Das Haus darüber wurde zwar umgebaut, stammt jedoch insgesamt noch aus der Spätgotik (15./16. Jahrhundert). Die heutige Abtrennung des Laubenganges ist relativ spät, da sonst keine Haustür an der innenliegenden Hausmauer nötig gewesen wäre. Der Laubengang war also öffentlicher Raum und sicher ideale Markt- und Verkaufsstätte.

In Konstanz sind charakteristisch im Hausinneren Fensternischenstützen (Haus Nr. 17, Abb. 117), die die Fenstergruppen unterteilen und die Mauerlast auf Nischenbögen bzw. Stürzen abfangen. Die Reihung von stehenden Rechteckfenstern (Fensterbändern, Haus Nr. 23, Abb. 122) ist durch diese Innenteilung tech-

⬛	bis 1220/50 Romanik	⬛	1770/90–1830 Klassizismus
⬛	1220/50–1520/50 Gotik	⬛	1830–1870 Nachklassizismus
⬛	1520/50–1650/80 Renaissance	⬜	1870–1914 Historismus
⬛	1650/80–1770/90 Barock		

113

114 ▲

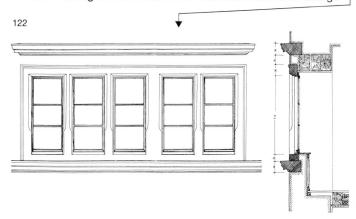

117   118   119   120   121

nisch wie künstlerisch anspruchsvoll gelöst. Dabei treten Gruppierungen bis zu sechs auf. Die Gewändeprofile sind schlicht geschrägt oder gekehlt, die Datierung geht zumeist ins 16. Jahrhundert, aber auch ältere Beispiele kommen vor. Ferner stützt sich der Holzausbau innen häufig auf profilierte Ständer, deren Profile ebenfalls Datierungshinweise liefern können (Abb. 118).

Auch Balken- oder Balken-Bohlen-Decken können zur Datierung beitragen. Wenn auch oft die Profilierung sehr schlicht ist, wie im 1. Obergeschoß Haus Nr. 21 mit tiefen Kehlen und abge-

122

setzter Nase (Abb. 119), sind doch relative Daten mit »spätgotisch 15. Jahrhundert« zu erhalten. Freilich ließen sich diese ungefähren Daten präzisieren durch die Dendrochronologie (Baumringkalender), von der noch die Rede ist (S. 46).

Jüngere Umbauten sollten die Häuser wohnlicher machen und haben sie entsprechend dem neuen »gusto« verändert. Dazu trugen besonders Stuckdecken bei, die das heitere Gesicht des Barocks und Rokokos in die Wohnzimmer der Bürger zauberte (Haus Nr. 23, Abb. 120). Meist handelt es sich nur um das Überstülpen einer Putzhaut, die aber wesentlich zum heutigen Erscheinungsbild des Inneren beiträgt und die Räume verwandelte. Ferner ist das Unterhängen von Decken, das Verlegen von Treppenhäusern, das Vergrößern und Auswechseln von Türstöcken zu beobachten. Alt erhalten blieben jedoch zumeist die Keller, an denen am ehesten die ursprüngliche Erbauungszeit abgelesen werden kann. Der Keller Zollernstraße 23 (Abb. 121) ist zwar sehr einfach in Gewölbe- und Stützenform, kann aber jedenfalls ins Mittelalter und damit noch vor das 16. Jahrhundert datiert werden. Alle diese Beobachtungen setzen Hausbegehungen voraus, da häufig die Fassaden verändert und nicht so deutlich wie in der Zollernstraße vor uns stehen. Gerade die ausschließliche Fassadenbeurteilung hat schon manche Fehleinschätzung und Verluste zur Folge gehabt mit der verspäteten Einsicht »ja, hätte man das früher gewußt . . .«.

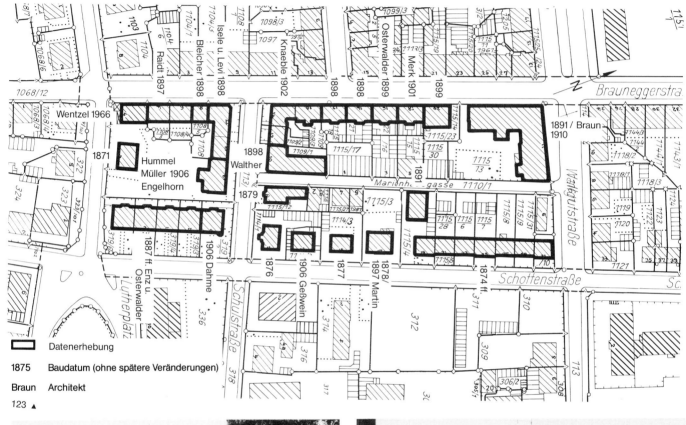

☐ Datenerhebung

1875 Baudatum (ohne spätere Veränderungen)

Braun Architekt

123 ▲

124 ▲   ▼ 125   126 ▲   ▼ 127

Für die Konstanzer Erweiterungsgebiete des 19. und 20. Jahrhunderts lassen sich Aussagen zur baulichen Entwicklung (vgl. auch S. 28 ff), zum Gebäudealter, den Bauaufgaben, Bauträgern und ihren Architekten gewinnen. Dazu verhelfen Katasterpläne, Bauakten, Einschätzungstabellen der Gebäudebrandversicherung, Lager- und Flurbücher, Adressbücher und andere Publikationen. Sowohl das ursprüngliche Erscheinungsbild als auch Veränderungen, die über einzelne Bereiche im Laufe der Zeit in unterschiedlichem Maße hinweggingen, werden durch die Gegenüberstellung des alten Materials mit dem heutigen Zustand anschaulich und nachvollziehbar. Der Einfluß einzelner Baumeister auf das Baugeschehen wird deutlich; ein Katalog ihrer Bauten macht über bereits bekannte Gebäude hinaus mit weiteren erhaltungswürdigen Objekten vertraut. Das Verständnis lokaler und regionaler Baugeschichte wird gefördert. Beispielhaft vorgestellt seien die Baublöcke zwischen Gottlieber-/Braunegger-/Wallgut- und Schottenstraße (Abb. 123). Die Erhebungen beziehen sich auf das Baujahr und den Architekten. An einzelnen Beispielen werden Planung und heutiger Zustand gegenübergestellt, um die bauliche Entwicklung des Quartiers anschaulich zu machen.

Die Bebauung mit Mietwohnhäusern, kleingewerblichen Bauten und Gemeinbedarfseinrichtungen (Pilgermission St. Chrischona, Dienstbotenanstalt St. Marienhaus, ev. Gemeindehaus) ist Teil der in den 60er Jahren beginnenden linksrheinischen Stadterweiterung. Die Bebauung im betrachteten Abschnitt Schottenstraße beginnt 1874 ff. mit einem Wohnblock, der sich über sieben Parzellen erstreckt und durch Risalite gegliedert ist (Abb. 74). Die etwas späteren Einzelhäuser Nr. 11–17 in Gartengrundstücken knüpfen noch an die Haustypen entlang der Laube an (vgl. Nr. 17, Abb. 128, Umbauentwurf 1897 in spätbarocken Formen für das 1878 errichtete Gebäude und heutiger Zustand, Abb. 129). Vom äußeren Erscheinungsbild als Reihenhäuser konzipiert und durch Risalite und Loggien gegliedert sind die Etagenwohnbauten Nr. 1–9, entstanden 1887 ff. Das Eckhaus Schottenstraße 9 wurde 1906 als Fabrikantenvilla neu gebaut. Es akzentuiert mit seinem Turmerker die Ecke Schul-/Schottenstraße; die Details nehmen den Dekor des floralen Stils auf (Abb. 124). Das Erscheinungsbild der Schulstraße wird geprägt vom ev. Gemeindezentrum (1906), das spätgotische Motive mit Elementen des Neuen Stils verbindet (Abb. 125) und den beiden repräsentativen Mietwohnungsbauten Schulstraße 17 (1898 in gotisierender Formensprache, Abb. 130, und heutiger Zustand, Abb. 131) und 14 (1902 in Renaissanceformen, Abb. 126). An der Einmündung in die Brauneggerstraße gelegen, entfalteten beide Häuser mit ihren Turmerkern prägende Wirkung für beide Straßenräume. Diese Wirkung ist aufgrund der Änderungen am Gebäude Schulstraße 17 heute erheblich beeinträchtigt. Die Brauneggerstraße, die später als die Schottenstraße bebaut wurde (im dargestellten Abschnitt zwischen 1897 und 1902) weist in zeittypischer Abkehr von der aufgelockerten Bebauung der Schottenstraße eine verdichtete drei- bis viergeschossige geschlossene Miethausbebauung in historisierenden Formen auf, von der z. B. Nr. 18 mehrfach umgebaut wurde (vgl. Abb. 132, 133). Die Dienstbotenanstalt St. Marienhaus (1891/1910) beherrscht mit großer winkelförmiger Baumasse und zurückhaltender Gliederung in gotischen Formen die Ecksituation Wallgut-/Brauneggerstraße (Abb. 127).

128

129

130 ▲

▼ 131

132 ▼

133 ▼

Baualter Stadt

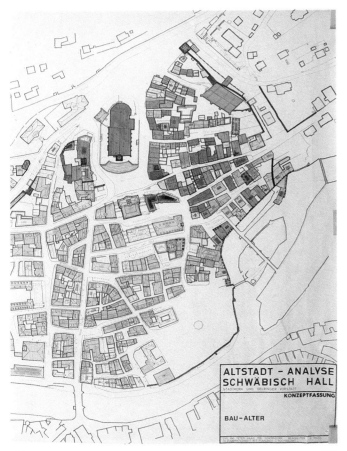

134 ▲   ▼ 135

Das Alter von Gebäuden einer Stadt ist auf verschiedenen Wegen festzustellen. Zum einen können schriftliche Quellen vom Bauablauf vorliegen, man braucht dann nur nachzulesen und zu deuten, wie der Bau entstand. Zum anderen, und das ist überwiegend der Fall, muß man allein auf Grund des Gebauten sozusagen indirekt die Bauzeit erschließen. Es gibt Hausbautechniken, die nur zu bestimmten Zeiten möglich waren. Oder die Verwendung bestimmter Materialien, Ornamente, Konstruktionsweisen läßt sich mit Hilfe fest datierter Häuser auf gewisse Zeiten einengen. Wertvoll sind Daten am Haus, Inschriften, die sich auf den Bau beziehen. Wo diese fehlen, sind durch die Naturwissenschaften und die Kunstgeschichte spezielle Datierungsmöglichkeiten entwickelt worden, von denen noch einige kurz vorgestellt werden sollen.

Baualterspläne

Um zu einem raschen Überblick über das Hausbaualter einer Stadt zu kommen, sind bereits frühzeitig Methoden der Kartierung entwickelt worden, die auch bei Vorbehalten im Detail wichtige Arbeitsgrundlagen für die Geamtplanung bilden. Sehr frühe »Baualterspläne« sind der für **Mannheim** 1899 gefertigte, 1907 publizierte (Abb. 17) und der von O. Scriba 1922 für **Bad Wimpfen am Berg** erarbeitete (Abb. 18). **Schwäbisch Hall** hat in einer Altstadt-Analyse auch das Baualter der einzelnen Häuser erheben lassen und in einer Farbkarte dargestellt (Abb. 134). Sehr deutlich werden dabei schon auf den ersten Blick einzelne Bereiche, die gemeinsame Baudaten aufweisen, etwa die Brandgebiete nach 1680 (Gelbinger Vorstadt) oder nach 1728 (zwischen St. Michael und Kocher). Eine differenzierte Altersanalyse ist für alle künftigen Planungen und Einzelentscheidungen von größtem Wert.

In **Wertheim** ist 1954 mit Signaturen eine Häuserkarte erstellt worden, die nach damaligem Wissensstand eine Vorstellung vom Baualter der Gebäude vermittelt (Abb. 135). Freilich sind diese Pläne auf Grund neuer Erkenntnisse und Forschungen fortzuschreiben, jedoch bilden sie ein unverzichtbares Hilfsmittel zur Analyse und Einordnung des Hausbestandes.

Zu beachten ist bei der Ausarbeitung von Baualtersplänen besonders zweierlei: Eine Analyse, die sich auf das äußere Erscheinungsbild der Gebäude beschränkt, ist ungenügend, weil sich hinter jüngeren Fassaden häufig wertvolle ältere Substanz befindet. Exakte Daten an einzelnen Bauteilen können zu Fehlschlüssen führen, weil sie nicht auf das ganze Haus übertragbar sind. Beides sei an den folgenden Beispielen erläutert.

Hinter dem unscheinbaren Haus Glockengasse 2 in **Schwäbisch Hall** (Abb. 137) würde man nichts Besonderes vermuten. Aber es enthält wertvolle Balkenbohlendecken (Abb. 136) der 1. Hälfte des 16. Jahrhunderts, die mit sparsamem Dekor und ihrer flachen Wölbung einen guten Eindruck vom Innenaussehen der Häuser vermitteln. – Auch hinter dem Fachwerkhaus Im Weiler 2 (Abb. 139) kann man sich kaum die schwer profilierte Kassettendecke des späten 17. Jahrhunderts vorstellen, die eher zu einem Steinbau passen würde (Abb. 138). Schließlich gibt es mehrfach Beispiele von Häusern, deren entstellte Fassaden keine alte Substanz mehr vermuten lassen; dennoch besitzt Neue Straße 18 (Abb. 141) eine wertvolle Bandelwerkstuckdecke um 1730 mit Auge Gottes (Abb. 140). Auch Treppenhäuser sind wichtige Datierungsindizien: Ein klassizistisches Prunkstiegenhaus (Abb. 142) befindet sich z. B. in der Engelapotheke, Marktstraße 2 (Abb. 143). Alle diese innen befindlichen Schätze des Kunsthandwerks helfen datieren, setzen aber Innenbesichtigungen voraus.

136 ▲   ▼ 137   138 ▲   ▼ 139   140 ▲   ▼ 141   142 ▲   ▼ 143

Bei **Wertheim** sollen exakte Daten an Haustüren die Problematik der Übertragbarkeit auf das Hausganze andeuten. Das Kleinhaus Gerberstraße 12 (Abb. 145) kann mit seiner spitzbogigen Tür (Abb. 144) nur ganz allgemein in das 15. Jahrhundert datiert werden. Ab Mitte des 16. Jahrhunderts begegnen in Wertheim jedoch eine Fülle datierter Türstürze, etwa Brunnengasse 8 von 1576 (Abb. 146, 147), das trotz Restaurierung seine alte Substanz behalten hat, wie Holzstützen oder Steinfenster im Inneren belegen.

Anders steht es mit Münzgasse 1: An einem Haus von 1928 wurde eine Steintür von 1618 (Abb. 148) wieder verwendet, wie 1984 Versatzstücke von 1575 am Neubau Maingasse 30 (Abb. 149). Vorsicht gilt also bei Datierungsbehauptungen, wenn ein wiederverwendeter Stein das Haus datieren soll. Umgekehrt ist es bei Hospitalstraße 4 (Abb. 151): Im Türsturz steht 1903 (Abb. 150), der Blick aufs Haus lehrt jedoch, daß es viel älter ist, nämlich ins 18. Jahrhundert gehört. Nur der Türsturz wurde 1903 erneuert.

144 ▲   ▼ 145   146 ▲   ▼ 147   148 ▲   ▼ 149   150 ▲   ▼ 151

  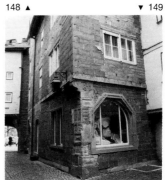 

152 ▲

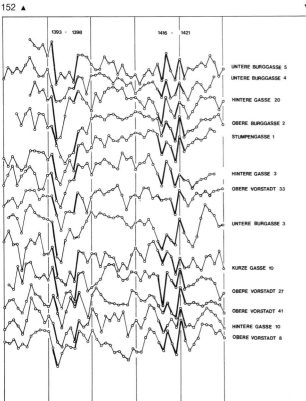

▼ 153

Baumringkalender

Viele historische Gebäude sind ganz oder teilweise in Fachwerk errichtet, alle Steinbauten tragen Balkendecken oder zumindest einen hölzernen Dachstuhl. So kann original verbautes, d. h. in die Entstehungszeit eines Gebäudes gehöriges Bauholz ein wichtiger »Datenträger« werden. Warum das so ist, sei kurz erläutert: Die sog. Dendrochronologie hat eine sehr präzise Datierung von Bauholz erbracht. Die am Münchner Forstbotanischen Institut und heute besonders in Stuttgart-Hohenheim (Dr. B. Becker) entwickelte und verfeinerte Methode des »Baumringkalenders« ermöglicht, das Fällungsjahr von Balken aus Eiche, Tanne, Fichte, Kiefer, Buche, festzustellen. Die Jahresringe eines Baumes sind nicht gleichmäßig gewachsen, sondern spiegeln mit wechselnden Jahrringbreiten das Wettergeschehen der Vergangenheit wider. In guten Jahren (= feuchten) fallen die Ringe sehr breit, in extrem strengen Wintern oder trockenen Sommern sehr eng aus. Die Baumringforschung versucht nun diese Klimasignale herauszuarbeiten und zu Standardkurven zu kommen, die gleiche oder ähnliche Kurvenausschläge zeigen (Abb. 153). Mit Hilfe heute geschlagener Bäume konnte zurückgezählt werden und dann durch »Einrasten« der Jahrringkurve älterer Hölzer bisher eine lückenlose Chronologie für Süddeutschland von jungsteinzeitlichen Pfahlbaudörfern an gewonnen werden. Voraussetzung ist das Vorhandensein genügend vieler Jahrringe (mindestens 60) und der Waldkante (Splintholz zur Rinde hin, Abb. 155). Das führt zu jahreshälftegenauen Daten, wobei vor allem Winterfällung und Verbauung in saftfrischem Zustand festgestellt werden konnte.

In unserem Beispiel **Sindelfingen** (Abb. 152) wurden ca. 220 Eichenbalken und -pfosten von über 50 Häusern untersucht und datiert. Die Baujahre reichen von 1393 bis 1683. Besonders viele

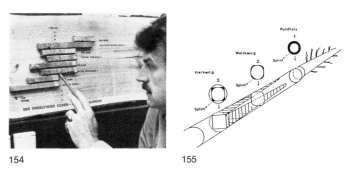

154   155

Häuser, d. h. ca. 30, konnten in das 15. Jahrhundert zurückdatiert werden, so daß wir vom spätmittelalterlichen Sindelfinger Haus genaue Daten und durch Gefügeforschung auch gestaltmäßig eine gute Vorstellung haben.

Gefügeforschung

Die Gefügeforschung als Teil der Hausforschung ist für die Erkennung und Einordnung von Fachwerkbauten von großer Bedeutung. Die Zimmermannstechniken haben sich gewandelt, das Fachwerkhaus sieht zu allen Jahrhunderten anders aus. Freiliegendes Fachwerk ist deshalb auf Grund seiner Konstruktionsweisen wenigstens auf Jahrhunderthälften gut einzuordnen. Einige Entwicklungsstufen, die sich auch überlappen können, sind im folgenden Schema (Abb. 156) mit Anmerkungen zum Form- und Detailwandel dargestellt (Entwurf R. Bodey).

Fachwerkentwicklung in Württemberg

(1)
Ende 14. Jh.
bis
15. Jh.

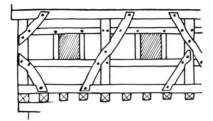

Ständer: weiter, oft unregelmäßiger Abstand.
Aussteifung: geblattet, unregelmäßig.
Holznägel: vorstehend.
Vorkragungen: bisweilen sehr weit. An den Ecken oft ohne Gratstichbalken.
Dielenfußboden: nur bisweilen außen sichtbar.
Fenster: zwischen durchlaufenden Riegeln.

(2)
Mitte 15. Jh.
bis
Anf. 16. Jh.

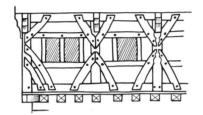

Ständer: enger und regelmäßiger als (1). Bund- und Zwischenständer ähnlich.
Aussteifung: geblattet, oft Doppelstreben.
Knaggen: betont und ornamentiert.
Holznägel: vorstehend.
Vorkragungen: Auf Gratstichbalken. Überstand weniger als 25 cm.
Dielenfußboden: außen sichtbar.

(3)
Um die
Mitte des
16. Jh.

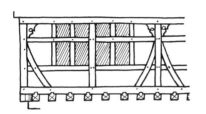

Fassadenaufbau: symmetrisch. Bund- und Zwischenständer deutlich unterschieden (rhythmischer Wechsel). Aussteifung gezapft, meist geschwungen. Kopfwinkelhölzer (Knaggen) oft verziert. Vorkragungen meist wie (2).
Unterschiedliche Fenster: wie (2), (4) oder bei aufwendigeren Bauten wie abgebildet.
Holznägel: bündig.
Schwelle über Balken gekämmt.

(4)
Mitte 16. Jh.
bis
Anf. 18. Jh.

Fassadenaufbau: wie (3).
Reihung oder Kombination von Grundformen zu wandhohen Schmuckelementen.
Ständer: Rücknahme der optischen Betonung.
Aussteifung: zunehmend durch wandhohe Fachausfüllungen ersetzt.
Vorkragungen: im Laufe der Zeit bis auf wenige Zentimeter zurückgehend.
Fenster: wie (5) oder zwischen Brustriegel und Rähm.

(5)
Anf. 17. Jh.
bis
2. Hälfte 18. Jh.

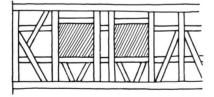

Fassadenaufbau: einfach, konstruktiv. Keine Unterschiede mehr zwischen Bund- und Zwischenständern. Zwischen den Fenstern oft engstehende Doppelständer. Fenster oft zu Gruppen angeordnet.
Aussteifungen: einfache geometrische Figuren.
Vorkragungen: meist keine.
Im Giebel oft Zierfachwerk wie (4).

(6)
Mitte 18. Jh.
bis
heute

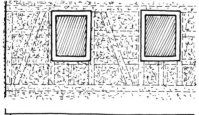

Fassadenaufbau: als verputztes Fachwerk gedacht, deswegen rein konstruktiv.
Ständer: Feldständer mit gleichen Abständen.
Aussteifungen: wandhoch, ohne Berührung der Ständer.
Vorkragungen: keine.
Bearbeitung: ab Anfang 19. Jh. haben alle Hölzer gleiche Dimension.

(7)
Mitte 19. Jh.
bis
Anf. 20. Jh.

Fassadenaufbau: als Sichtfachwerk konzipiert.
Konstruktiv wie (6), jedoch unter Wiederaufnahme von (abgewandelten) Renaissance-Ornamenten (wie 4), auch norddeutschen Ursprungs.
Vorkragung: wenige Zentimeter.

156

Farbiges Fachwerk

Nach der tabellarischen Darstellung der Datierungsmöglichkeiten von Fachwerk soll ein Spezialthema angezeigt werden, das einerseits für die Fachwerkchronologie noch zu wenig genutzt, andererseits für optische Gestaltwerte und ihre historische Richtigkeit von großer Bedeutung ist.

Fachwerk mit Hölzern und Putzfeldern war überwiegend farbig gefaßt: Die Braun-Weiß-Malerei des späten 19. Jahrhunderts hängt mit der Betonung der Werkstoffgerechtigkeit zusammen. Mittelalter, Renaissance und Barock scheuten sich nicht, ihr Fachwerk verschieden zu färbeln und dabei auch die Grenzen zwischen Holz und Gefachfüllung zu überspielen oder zu verwischen. Das ist wörtlich zu nehmen bei einigen der gezeigten, da-

tierbaren Beispiele, die das »Auslaufen« von Begleitbändern in einer Art Wischmanier zum Thema haben. Die »Entdeckung« des farbigen Fachwerks liegt noch nicht allzulange zurück. Im Bewußtsein der Öffentlichkeit beginnt es sich erst jetzt zu stabilisieren, nachdem viele nach Befund rekonstruierte gelbe, rote, graue Fachwerkhäuser mit entsprechender Felderung die Ortsbilder verändert haben. Ein so empfindlicher Bereich wie die Außenfarbigkeit und der Außenputz leidet natürlich unter der Dürftigkeit von sicheren Befunden: Instandsetzungen und Verwitterung, Unachtsamkeit beim Erneuern und »Farbblindheit« haben eine einst viel größere Palette von Farbmöglichkeiten gelöscht. Eine exakte und penible Untersuchung, Beobachtung und Dokumentation ist deshalb bei allen künftigen Fachwerkinstandsetzungen notwendig. Die gezeigten Beispiele sollen veranschaulichen, wie auch im Farbbereich nicht alles zu jeder Zeit möglich ist (Abb. 157).

157 a Bad Cannstatt, Klösterle
1465(?)

157 d Niedernhall, Götzenhaus
1572

157 g Besigheim
Kirchstraße 24, 1610 (?)

157 k Mundelsheim, Marktstraße 3
1679

157 b Ehingen, Hl.-Geist-Spital
1532

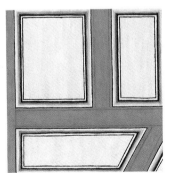

157 e Neuffen, Schillingsches Haus
1595

157 h Tübingen, Hirschgasse 3
1620/30

157 l Waiblingen, Kurze Straße 11
1690 (?)

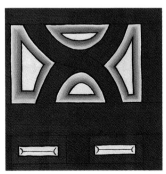

157 c Weilheim/Teck, Helferhaus
1557

157 f Ulm, Gindele
1598

157 i Langenau, Hindenburgstraße 17
1663

157 m Ulm, Hafengasse 1
1780 (3. Fassung)

Fenstergewände

In Gebieten mit Fachwerk und Steinbauten oder solchen mit überwiegendem Steinbau stellt sich die Frage, wie man Datierungshilfen bekommt. Am geeignetsten dafür sind wiederum Ornament und Profil, also zeitbedingter Schmuck der Steinmetzen, der sich an Türen und Fenstern, Erkern und Konsolen, Gesimsen und Wandgliederungen zeigt. Man kann hier oft ortsspezifische Reihen aufstellen, die sich mit Hilfe fest datierter Details gut ordnen lassen. Als Beispiele wurden Fenster aus vier Gesamtanlagen und vier Stilepochen ausgewählt, die nur einen kleinen Ausschnitt darstellen. Aber sie können andeuten, wie man beim Sammeln und Aufbereiten verfahren wird.

In **Bad Wimpfen** gibt es Doppelarkaden der Romanik, die von frühen Kleinfenstern an der Stiftskellerei in der Talstadt (Abb. 158) über schlichte Fenster am Spital (Abb. 159) zum frühgotisch beeinflußten Doppelfenster am Wormser Hof (Abb. 160) gehen.

Überlingen zeigt Fenster der Spätgotik, die als schlichte Kehlgewände (Abb. 161) 1462 datiert sind bzw. von 1490 (Abb. 162) bis zum Beispiel von 1497 (Abb. 163) die zeitliche Spanne dieses Typs andeuten, der aber noch weit ins 16. Jahrhundert reicht.

In **Staufen** bieten die Fenstergruppen der Renaissance, wie sie im Südwesten und in der Schweiz verbreitet sind, einen guten Hinweis: 1582 (Abb. 164), 1602 (Abb. 165) und gegen 1610 (Abb. 166) sind jeweils ähnliche, dennoch in Details unterschiedliche Fenster datiert.

Die barocken Fenster in **Schwäbisch Gmünd** sind datiert 1753 (Abb. 167), 1774 (Abb. 168) und 1821 (Abb. 169). Diese Reihen können am Ort verfeinert oder landschaftlich erweitert werden und liefern bei einer gewissen Dichte gute Datierungshilfen.

158 Bad Wimpfen
Stiftskellerei

161 Überlingen
Krummebergstraße 30, 1462

164 Staufen i. Br.
Hauptstraße 21, 1582

167 Schwäbisch Gmünd
Münstergasse 7, 1753

159 Bad Wimpfen
Spital

162 Überlingen
Rathaus Ostfassade, 1490

165 Staufen i. Br.
Hauptstraße 41, 1602

168 Schwäbisch Gmünd
Imhofstraße 13, 1774

160 Bad Wimpfen
Wormser Hof

163 Überlingen
Gradebergstraße 22, 1497

166 Staufen i. Br.
Auf dem Graben 26, 1607

169 Schwäbisch Gmünd
Vordere Schmiedgasse 45, 1821

Großherzoglich-Badisches

Staats- und Regierungs-Blatt.

Carlsruhe, den 17. October 1825.

(Errichtung einer Polytechnischen Schule.)

Ludwig von Gottes Gnaden,

Großherzog zu Baden, Herzog zu Zähringen,

Landgraf zu Nellenburg, Graf zu Salem, Petershausen
und Hanau. ꝛc. ꝛc.

Neben diesen Anstalten für den ersten, sodann für den höhern rein wissenschaftlichen Unterricht, bleibt Uns noch die Sorge für die Bildung Unseres lie-
ben und getreuen Bürgerstandes, und überhaupt eines jeden, der sich den höhern
Gewerben widmen, dazu die nöthigen Vorkenntnisse, vorzüglich aus der Mathema-
tik und aus den Naturwissenschaften sich erwerben, und deren unmittelbare, in das
einzelne gehende Anwendung auf die bürgerlichen Beschäftigungen des Lebens, kennen
lernen will, um durch den mächtigen Einfluß dieser Wissenschaften auf die Vervoll-
kommnung der Gewerbe, den Wir unserer Zeit verdanken, in dem ausgebreiteten
Gebiet der Gewerbsthätigkeit, mit den kleinsten Mitteln die größten Wirkungen
hervorzubringen, und durch die Vorzüglichkeit der Erzeugnisse in Form und Stoff
mit den vorzüglichsten des Auslandes zu wetteifern.

Mit einer zu dem angegebenen Zweck zu errichtenden Bildungs-Schule wollen
Wir zugleich eine Unterrichts-Anstalt für diejenigen verbinden, welche sich Mathe-
matische und Naturwissenschaftliche Kenntnisse nicht blos zu ihrer wissenschaftlichen
Ausbildung aneignen, sondern diese Wissenschaften zum künftigen Gebrauch in dem
Leben und für das Leben studiren wollen, es sey nun zur Baukunst, oder zum
Wasser- und Straßenbau, oder zum Bergbau, oder zur Forstkunde, oder wie die
auf diesen Wissenschaften ruhenden Gegenstände des öffentlichen Dienstes heißen
mögen.

Zu Erreichung dieses Vorhabens haben Wir getrachtet, das bereits vorhan-
dene jedoch vereinzelte Gute zu erhalten, und zu benutzen, das Fehlende zu ergänzen,
und alles in ein zusammenhängendes Ganzes zu verbinden; alles aber berechnet
nach den Bedürfnissen Unseres Landes, und nach den dazu verwendbaren Mitteln.

Von diesen Ansichten geleitet, haben Wir beschlossen und beschließen wie folgt:

I.

In Unserer Haupt- und Residenzstadt Carlsruhe wird eine Polytechnische Schule, als
eine allgemeine Landes-Anstalt errichtet. Es wird derselben der linke Flügel des Lyceums-
Gebäudes zur Benutzung zugewiesen, soweit solcher für das Lyceum nicht gebraucht wird.

170

№ 39.

Regierungs-Blatt

für das

Königreich Württemberg.

Ausgegeben Stuttgart Mittwoch den 1. November 1865.

Inhalt.
Königliche Dekrete. K. Verordnung, betreffend die Festsetzung der Sprengel der Handelsgerichte.
Verfügungen der Departements. Verfügung, betreffend die Erlassung neuer organischer Be-
stimmungen für die Baugewerkeschule in Stuttgart.

Neue organische Bestimmungen

für die

K. Baugewerkeschule in Stuttgart.

§. 1.

Die Baugewerkeschule hat den Zweck, durch systematisch geordneten Unterricht nach-
folgende Techniker für ihren Beruf auszubilden:

1) künftige Baugewerkemeister (Maurer, Steinhauer, Zimmerleute),
2) niedere Bautechniker (Oberamtsbaumeister, Stadt- und Stiftungsbaumeister,
   Oberfeuerschauer ꝛc.),
3) niedere Wasserbautechniker und Mühlschauer,
4) Geometer zweiter und dritter Klasse.

Außerdem können, wie bisher, so auch in Zukunft einzelne Klassen der Baugewerkeschule mit Nutzen besucht werden von sonstigen Gewerbetreibenden, namentlich von

Pflästerern, Zieglern, Schieferdeckern,
niederen Mechanikern, Mühlbauern und Schlossern,
Schreinern, Glasern, Drehern,
Zimmermalern, Ornamentbildhauern, Modelleuren,
Graveuren, Gold- und Silberarbeitern,
Gärtnern und Landwirthen, u. s. w.

Auch finden Solche, welche sich zu Zeichenlehrern für niedere gewerbliche Unter-
richtsanstalten (Fortbildungsschulen und dergl.) ausbilden wollen, hiezu Gelegenheit an der
Baugewerkeschule.

§. 2.

Der Unterricht an der Baugewerkeschule findet das ganze Jahr hindurch, nicht
nur im Winter, sondern auch im Sommer, statt, und wird in 5 je halbjährigen Cur-
sen in der Art ertheilt, daß dieselben, nach freier Wahl der Theilnehmer, entweder alle
im Winter, oder alle im Sommer, oder zum Theil im Winter, zum Theil im Sommer
besucht werden können, sofern die Bedingungen wegen des Alters (vergl. §. 14) ein-
gehalten sind.

171 ▲

19./20. Jahrhundert

Um anzudeuten, welche neuen Wege der Ausbildung und welche
Entwicklungen im Wohnbau des 19./20. Jahrhunderts nachzuvollziehen sind, sei an die Gründung der Polytechnika, an das
Lehrbuchwesen und an »Nahtstellen« im Bauschaffen erinnert.
1825 datiert die Errichtung der Polytechnischen Schule in Karlsruhe mit Friedrich Weinbrenner, ab 1827 wirkt Heinrich Hübsch
als Leiter im Baufach, dessen programmatische Schrift »In welchem Style sollen wir bauen?« das 19. Jahrhundert begleitet.
1845 wird die bereits seit 1832 bestehende Winterbaugewerke-
schule in Stuttgart selbständige Einrichtung.

Die schulbuchartige Verbreitung von Lehrbüchern hat mit der
Entwicklung industrieller Bauweisen einen großen Einfluß auf das
Bauschaffen genommen. In Karlsruhe ist der Bahnhofbauer
Friedrich Eisenlohr ein bedeutender Lehrer, in Stuttgart hat der
langjährige Vorstand der Baugewerkeschule Joseph Egle gewirkt
(ab 1848). Als »abgesagter Feind jeder Scheinarchitektur« verließ

172 ▶

173

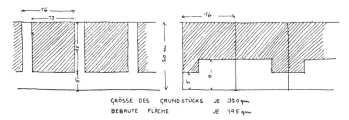

174

27. Dreimeterwich und Reihenbau

175   176

er die herkömmliche Fachwerkkonstruktion und verhalf dem unverblendeten Massivbau zum Durchbruch (anläßlich des Landesbaugesetzes von 1872 bzw. eines neuen Stuttgarter Ortsbaustatuts von 1874, vgl. als frühen Massivbau (1859) die Villa Knosp in der Rotebühlstraße von J. Egle, Abb. 172).

Eine Gegenüberstellung zweier Publikationen mag die Umbruchsituation von 1900 andeuten: Kurz vor 1900 erscheint das Werk von Carl Beisbarth und Jacob Früh (Abb. 173). Theodor Fischer reitet in seinem gedruckten Vortrag von 1903 eine Attacke gegen den Zwang des Dreimeterwichs (Abb. 174); sein Wohnhaus Zeller 1903 (Abb. 175) in der Reinsburgstraße mußte sich gezwungenermaßen damit abfinden, aber wie neu nahm sich sein Giebelhaus in der Reihe gleichlautender Häuser aus, so neu, daß es als »Zehntscheuer« im Stuttgarter Faschingszug mitlief. Ähnlich »neu« waren die Entwürfe Hermann Billings für Karlsruhe zur gleichen Zeit (Abb. 176).

Für die Datierung von Wohnhäusern und die Beurteilung ihres Standortes in der allgemeinen Baugeschichte mag u. a. der Vergleich von Planentwurf und ausgeführtem Bau hilfreich sein. Die Hausformengeschichte kann dadurch deutlicher werden. Es wird der Blick für die Beurteilung der Fülle von jüngeren Gebäuden geschärft, bei denen eine gültige Auswahl der Kulturdenkmale und weiterer erhaltenswerter Bauten zu treffen ist.

Zusammenfassung und Fragestellung

Der Altbestand an Gebäuden in unseren Städten bedarf einer sorgfältigen Einzelerfassung und detaillierten Einordnung. Erst wenn man über das Baualter des einzelnen Hauses, seine Entstehungszeit und Hauptumbauphasen Bescheid weiß, kann in die nähere Erörterung seiner Erhaltungswürdigkeit eingetreten werden. Das Baualter ist allerdings ohne eindringende Bauuntersuchung oder Aktenstudium oft nur zu schätzen oder zu vermuten. Ist das deutlich formuliert, kann die Eintragung der Altersstufen in eine Karte hilfreich sein für viele Entscheidungen, die in der Altstadt und den historischen Erweiterungsgebieten zu treffen sind. Die Baualterskarte legt dann übersichtlich, aber auch mit dem Vorbehalt der Fortschreibungsbedürftigkeit auf Grund späterer Bauforschungen, dar, wie die Altersstruktur einer Stadt sich uns heute erschließt.

— Welche Möglichkeiten gibt es, alte Häuser auf ihre Entstehungszeit zu befragen und richtig einzuordnen, wie Daten am Haus, schriftliche Nachrichten, Ornamente usw.?

— Sind für einzelne Gebäude, besonders Fachwerkhäuser, die Möglichkeiten der Gefügeforschung, des Baumringkalenders, der Schmuckchronologie angewandt worden?

— Werden bei Verputzabnahme, Sanierungs- und Modernisierungsmaßnahmen die möglichen Beobachtungen zur Hausbaugeschichte gemacht, wie Beachtung von Baufugen, Material- und Konstruktionswechsel, Aufdeckung datierender Details wie Profilsteine, Fenstergewände, ältere Putzreste?

— Sind die Quellen zur jüngeren Hausbaugeschichte zugänglich oder bereits aufbereitet, wie gedruckte oder handgeschriebene Bau- und Umbaunachrichten, Aufmaßpläne, Fotos?

— Wurde bereits versucht, aus Bauakten, Literatur, Zeitungsnotizen die Bauzeit der Häuser des 19./20. Jahrhunderts festzustellen und zu kartieren?

Kulturdenkmale und Gesamtanlagen, erhaltenswerte Bauten und Bereiche

Stadt

Es wurde eingangs bemerkt, daß nicht alles, was alt ist, gleiche geschichtliche Bedeutung besitzt, die es gleich erhaltenswert macht. Auch hat nicht alles eine historische Qualität, die ein öffentliches Erhaltungsinteresse begründet, wie es durch die Kriterien des DSchG und/oder die Kriterien des BBauG bzw. der LBO definiert ist (vgl. dazu im einzelnen S. 10ff). Das gilt für die verschiedensten Altstädte ebenso wie für nachmittelalterliche Stadtkerne und Stadterweiterungen.

Auf den vorhergehenden Seiten wurde erläutert, welche Einzelschritte einer historischen Analyse es ermöglichen, die heute vorhandenen Überreste aus vergangener Zeit und ihre jeweilige, oft vielschichtige Bedeutung zu erkennen. Auf den folgenden Seiten soll zusammengefaßt werden, wie diese Kenntnis zu nachprüfbaren Wertungen führt, d. h., wie sich Kulturdenkmale und Gesamtanlagen und sonstige erhaltenswerte Bauten und Bereiche darstellen unter Berufung auf die einzelnen Analyseschritte.

Kulturdenkmale, Gesamtanlage und erhaltenswerte Bauten Konstanz

178

179   180

☐ Geltungsbereich der Gesamtanlagenverordnung

■ Kulturdenkmale

Altstadt

Die ganze Altstadt von Konstanz ist von so großer wissenschaft-
licher, künstlerischer und heimatgeschichtlicher Bedeutung, daß
sie als Gesamtanlage im Sinne des DSchG zu würdigen ist: Ihre
Erhaltung liegt im **besonderen** öffentlichen Interesse. An der
Rosgartenstraße soll dies mit Rückverweis auf die verschiedenen
Ansätze am kleinen Ausschnitt – dennoch repräsentativ für die
Altstadt – vorgestellt und begründet werden.

Viele Konstanzer Straßen und Plätze sind in ihrer fast originalen
mittelalterlichen Gestalt überliefert. Andere erfuhren durch Aus-
wechslung einzelner Häuser oder ganzer Hauszeilen eine Um-
wandlung, deren historische Wertigkeit jeweils zu überprüfen ist.
Die Rosgartenstraße ist ein Beispiel mit vielen Facetten für eine
Bebauung, die um 1900 neu entstand. Die damals konzipierte Ge-
schäfts- und Miethausarchitektur kann als Ergebnis eines wirtschaftlichen Aufschwungs gesehen werden, der die Bereiche in
Bahnhofs- und Marktnähe intensiver als andere Viertel erfaßte.

177

181   182   183

Vom Mittelalter nicht so markant bebaut wie viele Straßen sonst, brachte die neue Architektur individuelle und zeittypische Lösungen. Lagequalität und Bauherren bedingen einander, ein Strang der Wirtschaftsgeschichte und Ortsbauentwicklung wird ebenso wie Sozialtopographie und Baualter faßbar. Auftraggeber waren meist jüdische Kaufleute der Bekleidungsbranche, deren Unternehmergeist sprichwörtlich war. Es entstand innerhalb von 20 Jahren eine Reihe von Haustein- und Backsteinhäusern mit erfinderischer Fassadengestaltung (Abb. 178). Verharrte Kanzleistraße 1 (1893/94) in einem steifen Formenschematismus, bemüht sich Rosgartenstraße 8 (1898) um symmetrische, gotisierende Gliederung, so zeigt Nr. 12 (1904) im Giebeldekor gesteigerte Ornamentfreude mit Formen der deutschen Renaissance. Mit Nr. 18 (1905/06) wird etwas Neues eingeleitet: Sog. Heimatstilelemente geben sich in asymmetrischen und spannungsreichen Erkern, Öffnungen, Giebelbegrenzungen zu erkennen. Eine Auflage der Denkmalpflege war z. B., den Eckerker vom Vorgängerbau in exakter Kopie wieder anzubringen (Abb. 179). Haus Nr.

16 (1907) wird in (ursprünglich noch vollständigeren) Jugendstilformen gestaltet, die besonders erfinderisch im Turmaufbau (Abb. 180) und in der leider inzwischen bereits verschwundenen Schaufenstergliederung (Abb. 181) Ausdruck fanden. Bei Nr. 14 (1912) bricht sich in einem stattlichen Formbetonbau neue Sachlichkeit Bahn. Je verschieden in ihrer Denkmalqualität bekunden diese Bauten dennoch soviel Eigengewicht, daß das öffentliche Interesse an ihrer Erhaltung aus wissenschaftlichen, künstlerischen und heimatgeschichtlichen Gründen gegeben ist.

Das Haus »Zum Wolf« Rosgartenstraße 4 ist ein Kulturdenkmal von besonderer Bedeutung: Die reich stuckierte Fassade ist für Konstanz ein Unikum, im Inneren blieben Treppen mit gesägten Balustern und Rundstützen (Abb. 182) sowie Stuckdecken erhalten. Der 1774 datierte Außenstuck zeigt Rocaille und außermittig rahmt er das gemalte Tier des Hausnamens (Abb. 183). Die künstlerische und heimatgeschichtliche Bedeutung des Hauses ist so groß, seine Denkmaleigenschaft so allgemein anerkannt, daß ihre Begründung Wasser in den Bodensee tragen hieße.

Kulturdenkmale (Stand 1972) und erhaltenswerte Bauten in den Erweiterungsgebieten

In den Erweiterungsgebieten, deren Entwicklung in den 60er Jahren des 19. Jahrhunderts begann, befinden sich einzelne Baudenkmale: repräsentative Bauten des Gemeinbedarfs, Mietwohnungsbauten und Villen. Ortsbildprägende Gebäude und Gebäudegruppen, die ebenfalls erhaltenswert, aber nach gültigem Wissensstand von 1972 keine Kulturdenkmale sind, gibt es in großer Zahl. Sie verleihen, wie z. B. die Miethausbauten der westlichen Stadterweiterung (vgl. S. 42f) oder die Zelttuchfabrik Stromeyer (Abb. 104), ganzen Straßenzügen und Quartieren ein eigenes unverwechselbares Gesicht – das allerdings durch Umbauten und maßstabsprengende Neubauten häufig gestört ist (Abb. 131). Als denkbarer Bereichsschutz kommen baurechtliche Regelungsmöglichkeiten in Betracht. Die Ausweisung von zusätzlichen kleineren Gesamtanlagen würde die Begründung des **besonderen** öffentlichen Erhaltungsinteresses erfordern. Dies ist vor einer neuerlichen Erfassung noch nicht abschließend zu beurteilen. Von den erhaltenswerten Bauten und Bereichen seien vorgestellt:

Die Markung Seehausen wurde für den Villen- und Landhausbau auf rektangulärem Straßensystem erschlossen. Die Bebauung der einzelnen Parzellen mit Villen in großen, teilweise parkähnlichen Gärten erfolgte jedoch zögernd und beschränkte sich im wesentlichen auf den Bereich zwischen Mainau-/Zeppelin-/Hebel- und Seestraße. Dieser Bereich weist trotz großer Beeinträchtigungen durch unmaßstäbliche Neubauten noch heute zahlreiche erhaltenswerte Gebäude auf, die im wesentlichen aus der Zeit zwischen 1870 und 1914 stammen (Abb. 185).

■ Kulturdenkmale

☐ Erhaltenswerte Bauten

185

186

187 ▲   ▼ 188

Die Jägerkaserne, 1913/16 als »neue Kaserne« von G. F. Betzel geplant und gebaut, besteht aus einer Gebäudegruppe im Karree: Mannschafts- und Wirtschaftsgebäude, Exerzierhaus, Stabsgebäude usw. dienten seit 1921 dem 3. Batl. Infanterie-Regiment 14 (Jäger). Die Fassadengliederung in Formen des Neoklassizismus und großzügige Gruppierung kennzeichnen die Kasernenanlage, die in Fortführung der Klosterkaserne den Stadtteil Petershausen entscheidend geformt hat (Abb. 186).

Der Siedlungswohnungsbau ist mit mehreren beachtlichen Projekten vertreten, von denen drei genannt seien: 1920 ff. errichtete der 1896 gegründete »Spar- und Bauverein Konstanz e.V.« nach den Plänen von M. Sauter die von der Gartenstadtbewegung beeinflußte »Sierenmoossiedlung«. Die langgestreckte Siedlung enthält unterschiedlich große Haustypen (Kleinwohnhäuser und Geschoßwohnungsbauten mit Gartenanteil, Abb. 187). Heimatschutzvorstellungen entsprechen die teilverschindelten Geschoßwohnungsbauten an der Turnier- und Mangoldstraße mit Walm- und Mansarddächern, Lauben und neubarokken Motiven an Erkern und Hauseingängen (Abb. 77). Sie entstanden 1921 nach Entwürfen des städtischen Hochbauamtes in städtischer Bauträgerschaft.

Die Stadt baute 1927 unter Beteiligung freier Architekten auch den Wohnblock zwischen Markgrafen-/Alemannen- und Hindenburgstraße, dessen langgestreckte Fassadenflächen mit einfachen architektonischen Mitteln gegliedert und durch expressionistische Details (Dachgaupen, Hofdurchfahrten, Hauseingänge) belebt werden (Abb. 188). 1929 folgte die Zeile an der Nordseite der Markgrafenstraße.

Gesamtanlage und erhaltenswerter Bereich Stadt

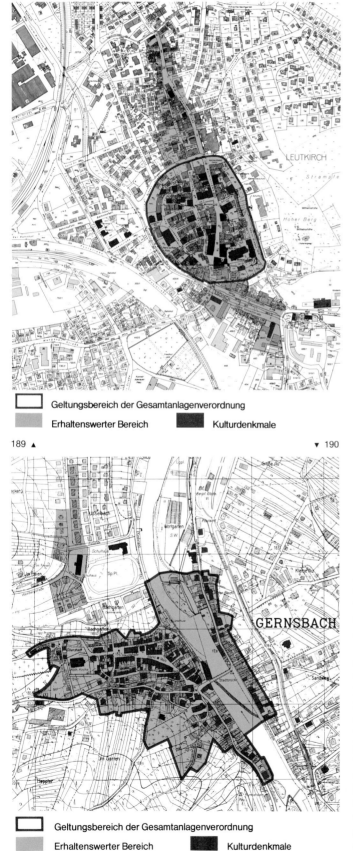

☐ Geltungsbereich der Gesamtanlagenverordnung

▨ Erhaltenswerter Bereich   ■ Kulturdenkmale

189 ▲   ▼ 190

☐ Geltungsbereich der Gesamtanlagenverordnung

▨ Erhaltenswerter Bereich   ■ Kulturdenkmale

Als Gesamtanlagen zu beurteilen sind Straßen-, Platz- und Ortsbilder, an deren Erhaltung aus wissenschaftlichen, künstlerischen oder heimatgeschichtlichen Gründen ein besonderes öffentliches Interesse besteht. Kennzeichnend ist für sie eine Mehrheit von Kulturdenkmalen, eine »Schichtung« des Baubestandes unter soziotopographischen und baualtersmäßigen Gesichtspunkten und eine klare Umgrenzung. Dies trifft für viele Altstädte Baden-Württembergs zu. Für eine Reihe von ihnen wurden bereits Gesamtanlagenverordnungen, seit der Novelle des DSchG von 1983 Gesamtanlagensatzungen nach § 19 DSchG erlassen. Dadurch können diese besonders ausgezeichneten, historisch wertvollen Stadtbilder zusätzlich zu baurechtlichen Regelungsmöglichkeiten auch besonders geschützt werden.

In weiteren erhaltenswerten Bereichen, häufig im Umkreis von Gesamtanlagen erkennbar, verfolgen die Gemeinden ebenfalls Ziele der Identitätsbewahrung und behutsamen Entwicklung. Eine der Grundlagen dafür ist die historische Einsicht als Überzeugungsträger und Wissensvermittler. Historische Analysen liefern auch hier das Material und den Bewertungsmaßstab. Sie erlauben es, diese erhaltenswerten Bereiche, die keine Gesamtanlagen sind, überzeugend darzustellen, begreifbar zu machen. Baurechtliche Regelungen zur Sicherung der Erhaltungsziele können dadurch wie in den Bereichen mit Gesamtanlagenqualität auf eine fundierte Basis gestellt werden.

Die alten Städte sind nahezu ausschließlich auf Grund ihrer historischen Bauten als »Altstädte«, als historische Kerne zu erkennen. Wenn sich heute eine Stadt selbst darstellt, sich als Individuum verstanden wissen will, bringt sie die Sprache oder das Bild auf Merk- und Wahrzeichen ihrer Altstadt, ihres historischen Bestandes. Unbestrittene Denkmäler sind die historischen Großbauten, wie Kirche und Schloß, Rathaus und Stadtmauer, Adelspalais und stattliches Bürgerhaus. Der historische Bereich ist aber mehr: Gassen, Straßen und Plätze werden von einer Vielzahl mittlerer und kleinerer Häuser begleitet, deren historische Substanz, deren Altersspuren und geschichtliche Aussagewerte von Gewicht sind. Der Quellenwert historischer Bausubstanz kommt demjenigen einer Schrifturkunde gleich, man muß sie nur lesen können. Im Analyseteil werden Hilfestellungen zum »Lesen« historischer Bauten geboten. Hier soll nochmals als Ergebnis des »Lesens« an sprechenden Beispielen erläutert werden, welchen Ansprüchen Ortsteile, Straßen und Plätze genügen sollten, um entsprechend den Kriterien des BBauG bzw. der LBO als erhaltenswert zu gelten und welcher Maßstab anzulegen ist, um sie ggfls. zugleich als Gesamtanlagen im Sinne des DSchG ausweisen zu können.

Leutkirch ist als Markt- und Kirchort (»ad Liutchirichun« 848) des Nibelgaus von Bedeutung gewesen, dessen Wohlstand im Spätmittelalter die Leinwandweberei sicherte. Die Altstadt blieb mit ihrem mittelalterlichen Grundriß und der spätmittelalterlichen und barocken Bebauung erhalten. Die historische Begrenzung ist durch den Stadtmauer- und Grabenverlauf festgeschrieben. Ältere, aber stark veränderte Vorstadtbereiche (z. T. noch mit Weberhäusern) können im Anschluß an die Gesamtanlage als erhaltenswert bezeichnet werden. Der Ortskern selbst ist mit dem Kirchenviertel in der Südostecke und stattlichen Häusern an der Hauptstraße und am Gänsbühel strukturiert; randlich die Handwerkergassen, wie die Gerber- und Schneegasse (= ehem. Leinwandweber). An der Erhaltung der Altstadt, für die 1982 eine Gesamtanlagenverordnung erlassen wurde, besteht ein besonderes öffentliches Interesse.

Gernsbach ist mit seinem historischen Stadtkern an der Murg seit 1983 als Gesamtanlage geschützt. Die sich seit Mitte des 13. Jahrhunderts entwickelnde Stadt war einst Verwaltungs- und Wirtschaftsmittelpunkt der Grafen von Eberstein. Holzhandel und Murgflößerei haben Blütezeiten gebracht, wofür das Patrizierhaus der Kast (später Rathaus) stellvertretend genannt sei. Die Hanglage charakterisiert den Ort: Hauptstraße und Amtsgasse führen zur Oberstadt, die von der Liebfrauenkirche bekrönt wird. Der Hausbestand dort und an der Kornhausgasse stammt aus der Zeit nach den Stadtbränden von 1787 bzw. 1798. Jenseits der durch zwei Schrägwehre gestauten Murg ist die Vorstadt entlang der Igelbachstraße mit einbezogen. Zusätzlich erhaltenswerte Bereiche zeichnen sich nördlich der Altstadt mit Schul- und Wohnbauten ab (Am Bachgarten, Weinbergstraße): Die Doppelhaus-, Villen- und Mietwohnbebauung kann die mit einfachen gestalterischen Mitteln bewältigten Bauaufgaben der Zeit um und nach dem 1. Weltkrieg für Gernsbach gut dokumentieren.

Die Gesamtanlage **Schwäbisch Gmünd,** für die 1983 eine Gesamtanlagenverordnung erlassen wurde, umfaßt die ganze Altstadt mit ca. 48 ha. Sie wurde auf Schuttkegel des Bettringer- und Waldstetterbachs bzw. auf alten Schotterterrassen der Rems gebaut. Stubensandstein steht u. a. remsabwärts als Baumaterial an. Wirtschaftliche Grundlage bildeten im Mittelalter Gerberei, Metzgerei, Schmiedehandwerk (Sensen- und Waffenexport), später Gold- und Silberwarenverarbeitung (Filigran). Im 12. Jahrhundert wurde die aus einer karolingischen »Cella« entstandene Siedlung zur Stadt ausgebaut, der staufische Kern blieb bis ins 18. Jahrhundert ummauert und ist noch heute ablesbar. Im Spätmittelalter kamen die Josen- und Leonhards-, die Eutighofer-, Rinderbacher- und Sebaldusvorstadt hinzu, die seit dem frühen 14. Jahrhundert durch eine neue Mauer zusammengeschlossen wurden. Sechs Mauertürme bestimmen noch die Stadtsilhouette. Eine differenzierte Bebauung läßt Quartiere unterscheiden, die das Besondere von Gmünd ausmachen: Die Kirchenhäufigkeit in der westlichen Kernaltstadt um das Münster Hl. Kreuz; am Markt und an der Nord-Süd-Achse öffentliche Gebäude wie Grät, Korn- und Rathaus, dazu stattliche Bürgerhäuser; kleinteiligere Bebauung bestimmt die alten Vorstadtbereiche, charakteristisch für Kleingewerbe und Stadtbauern. Der historische Hausbestand wird geprägt von giebelständigen Fachwerkhäusern seit dem 15. Jahrhundert und der barocken Überformung durch Putzbauten, die der freien Reichsstadt ihre besondere Gestalt gaben. Ein schmaler Bereich im Anschluß an die Altstadt kann in seinem »Ringstraßen«charakter des späteren 19. Jahrhunderts mit Gärten, Villen, kleineren Fabrikgebäuden als erhaltenswert gelten.

Gengenbach hat bereits 1956 eine Gesamtanlagenverordnung erhalten; die Erfassung der Kulturdenkmale in Listen steht noch aus. Die Begrenzung der Gesamtanlage umfaßt das ehemalige Kloster, die Altstadt und einen nördlichen Vorstadtbereich vor dem Obertor. Unmittelbar an die frühen Klostergründung des 8. Jahrhunderts erwächst später an dreiarmiger Straßenführung die Siedlung, die 1231 als opidum erstmals erwähnt wird. Von der mittelalterlichen Befestigung blieben Mauer- und Tortürme erhalten, der Hausbestand stammt aus der Zeit nach den Zerstörungen von 1689. Krönenden Abschluß des Wiederaufbaus bildete das Rathaus von 1780/83. Ortsbildprägend ist das Fachwerk der teilweise sehr stattlichen Bürgerhäuser. Die schlichteren Häuser am Altstadtrand und außerhalb lassen die ehemaligen Sozialstrukturen noch gut ablesen. Bestimmend blieb im Erscheinungsbild bis heute die Dualität Kloster–Bürgerstadt.

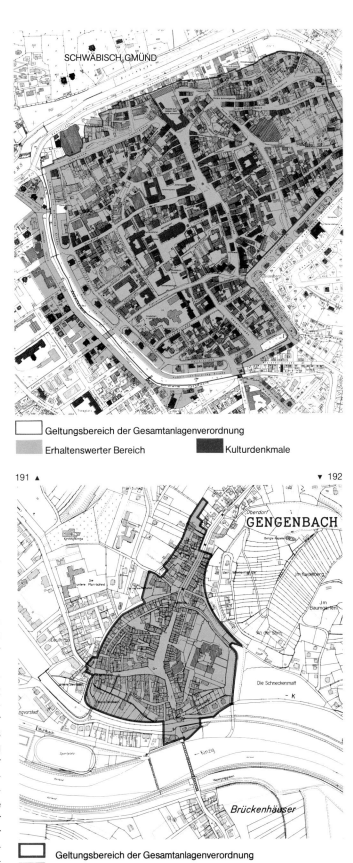

SCHWÄBISCH GMÜND

☐ Geltungsbereich der Gesamtanlagenverordnung

▨ Erhaltenswerter Bereich   ■ Kulturdenkmale

191 ▲   ▼ 192

GENGENBACH

Brückenhäuser

☐ Geltungsbereich der Gesamtanlagenverordnung

▨ Erhaltenswerter Bereich

Ortsanalyse Dorf

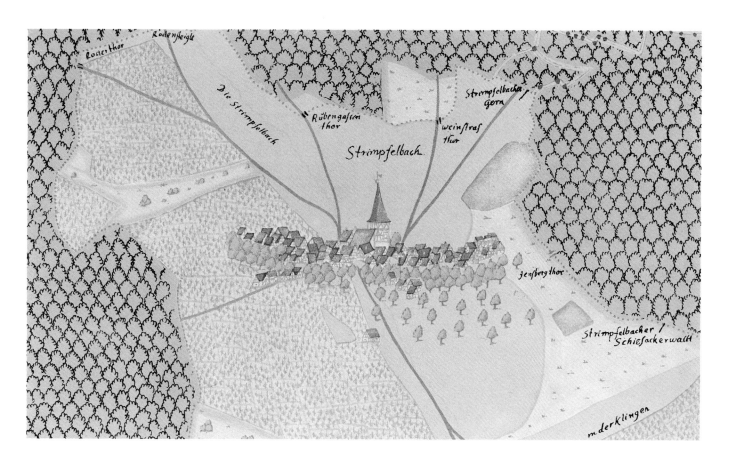

Naturraum und Baumaterial Strümpfelbach

● Stubensandsteinbrüche
▨▨▨▨ Lehmvorkommen für Tegel

193 ▲   ▼ 195   194

Naturraum

Die Siedlungslage wird im wesentlichen von drei Faktoren bestimmt: dem Gesteinsuntergrund mit der daraus hervorgegangenen Bodenbeschaffenheit, den Oberflächenformen und den Wasserverhältnissen. Strümpfelbach liegt in einem Seitental der Rems, das den Keuperstufenrand durchschneidet. Die Keuperhänge begünstigten den Weinanbau, der noch heute die sonnenseitigen Rebhänge bestimmt (Abb. 195). Schattenseitig steigen Obstbaumwiesen die Hänge hinauf, kaum Äcker; die Höhen sind auf drei Seiten vom Wald umgeben. Die Tallage mit den großzügig gewellten Hängen hat dem langgezogenen Ort Richtung und

Eigenart gewiesen. Der aus dem Schurwald kommende Strümpfelbach führte ausreichend Wasser, zu dem Quellfassungen und Brunnen im Ort kamen (z. B. Bädergasse 7).

Baumaterial

An Baumaterial stand alles Notwendige in ausreichendem Maß und in der Nähe zur Verfügung: Holz, Steine, Sand, Kalk, Lehm. Für das Bauholz wurde die Schurwaldeiche geschlagen, eine Arbeit in uralter Tradition für Brenn- und Bauholz als Wintertätigkeit (Abb. 196). Der mit Endersbach gemeinsame Wald hatte zu vielen Streitigkeiten geführt, die sich bis 1793 hinzogen, wobei zugunsten des Weinbaus stark gerodet wurde. In einer Wald-Ordnung von 1527 beider Orte kam die Verteilung von Bauholz zu einer Regelung und wurden Vorschriften zu beständigerem Bauen erlassen. Der Wortlaut ist interessant genug, um zitiert zu werden: »Derjenige, so einen Bau thun will und Holtz darzue begehret, der soll einen Bürgen stellen. Zu Bauung eines Hauses oder Scheuren mit drei oder vier Bunden, hat man die Bündbalken, die Sparren halben, auch Einfaltrigel und das übrige alles gar (ausgenommen die leere Balkhen) herzugeben. Zu einem kleinen Hauslen oder Stall oder anderem ringen Bau, das Holtz ganz darzue geben, auch die Einfaltrigel.« Die Rede ist also von Bundbalken, (Dach)-Sparren, Einfaltrigeln (= einfache Riegel?), leeren Balken (= nichttragende Balken), also von allen wichtigen Teilen des Dachwerks. Daß mit Steinsockel gearbeitet werden mußte, besagt die Vorschrift: »Welchem man Holtz zu einem Bau gibt, es seye groß oder klein, neu oder alt, der soll zween Schuh hoch von der Erde setzen.« Auch die Füllung mit Holz ist geregelt: »Wenn einer ein Bau aufricht . . . , dem soll man darzu Hagenbüchen oder Häßler Zäungertten geben.« Es ist von Hainbuchen und Haselnußgerten bzw. -stecken die Rede, aus denen das hölzerne, mit Strohlehm verpatschte Flechtwerk als Gefachfüllung entstand. Für den Innenausbau wurde bei stattlicheren Häusern Tannenholz benötigt, das als »thönnenes Flözholz« vom (Stuttgart-)Berger Holzgarten bezogen wurde und sich wegen der Beifuhr viel teurer stellte. Wie man sich weitere feinere Holzzurichtung vorstellen muß, kann ein Stellmacher (= Wagner) zeigen (Abb. 197). Zum Materialtransport war dieses Handwerk unentbehrlich.

Für Lehmschlag und Dachziegel stand im Gewann Lehen nördlich von Strümpfelbach reichlich Lias-Verwitterungslehm (Loima oder Klaib) zur Verfügung. Eine Herrschaftsziegelei wird bereits 1400 genannt, an Gewinnung und Herstellung erinnern die einstige Ziegelgasse (= Lindenstraße) und der Lehmgrubenweg. Ziegler werden in den ersten Kirchenbüchern von 1576 und 1578 genannt. Bei der Einfachziegeldeckung mußten Schindeln untergelegt werden, deren Herstellung der Schindelmacher besorgte (Abb. 198, um 1920 aus dem Mainhardter Wald).

Beim Hausbau konnte außer dem Holz das Steinmaterial von Bedeutung werden, sei es als Quader oder Hausteinsockel, sei es als Bruchstein-Füllmaterial. Mehrere Steinbrüche kamen hier in Frage: unmittelbar am nordwestlichen bzw. östlichen Ortsrand im Schilf- bzw. Kieselsandstein, weiter aufwärts der beliebte Stubensandstein. Wie es im Steinbruch zuging, können zwei Bilder aus Bürg bei Winnenden 1963 zeigen: Mit dem Zweispitz grob vorbehauen, werden die Werksteine mit dem Spitzer hausteingerecht weiterverarbeitet (Abb. 199, 200). Sand wurde für den Baubetrieb (auch als der bekannte Fegsand) reichlich in Gruben und Höhlen des Stubensandsteines gewonnen. Branntkalk besorgte man sich in der Nähe von Endersbach.

196

197

198 ▲   ▼ 199   ▼ 200

Naturraum und Baumaterial
Dorf

201

202

203 ▲

Naturraum

Für das heutige Aussehen der alten dörflichen Siedlungen sind die vorgegebene Naturlandschaft mit dem zugehörigen Untergrund, das Baumaterial und seine Verarbeitung von großer Bedeutung. Der Siedlungsboden wurde mit Blick auf die besten Wirtschafts- und Baumöglichkeiten genutzt: Nähe zu Äckern, Wiesen und Weinbergen, gute Wasserverhältnisse, sicherer Baugrund. Die Siedlung konnte in Höhen-, Hang- oder Tallage entstehen, wobei der Quellhorizont, auch Windschutz oder Sonneneinfall eine Rolle spielten. Als Beispiel dient das Markgräfler Dorf **Ötlingen** (Stadt Weil am Rhein, Abb. 201), das auf einem Bergriegel in der Rheinebene liegt »ohngemein anmutig und schön«, wie es bereits 1739 in einer Chronik über die Markgräfler Dörfer heißt; als Gegenbeispiele zum langgezogen-hochgelegenen Ötlingen seien das Haufendorf **Roßwag** (Vaihingen a. d. E., Abb. 202) in Tallage an einer Enzbiegung sowie das Schwarzwalddorf **Präg** (Stadt Todtnau, Abb. 203) genannt, dessen große Höfe sich in lockerer Gruppierung an einer Hangkante des Prägbachtals hinziehen.

Man suchte festen Kies- und Steinuntergrund, schonte fruchtbaren Ackerboden und nahm dann auch beengtere Hang- und Zwickellagen zum Bauen in Kauf. Sicherer Baugrund war so wichtig wie die Nähe guter Baustoffe, ihre rasche Gewinnungs- und Aufbereitungsmöglichkeit, ihr angemessen-schneller Transport.

Baumaterial

Die Baumaterialien tragen im ländlichen Raum ganz wesentlich zum Erscheinungsbild der Dörfer bei. Durch die Außerbrauchstellung handwerklicher Bautätigkeit gingen und gehen Erfahrungen um frühere Baumaterialien und ihre Verarbeitung verloren. Ihre Kenntnis ist aber eine wichtige Voraussetzung für Analysen des spezifischen Ortsbildes und des Gebäudeaufbaus.

Als wichtigstes Baumaterial für den ländlichen Bereich kann vom Mittelalter an bis tief in das 19. Jahrhundert das Holz gelten. Holz für Bauzwecke wurde aus umliegenden Gemeindewäldern zugeteilt. Zunächst wird mit Eichenholz für die tragenden Teile und Weichholz für den Innenausbau gearbeitet, später überwiegend mit schlanker werdenden Nadelhölzern.

Das Zimmerhandwerk hat mit kunstvollen Gefüge- und Dekorformen hohe Blütezeiten erlebt. Die Fachwerkbauten bestimmten über Jahrhunderte das Bild weiter Siedlungslandschaften. Das Abbinden auf dem Werkplatz, d. h. Zurechtlegen und Ausarbeiten der Hölzer, dann das Aufrichten, ist heute nur noch in der Vorstellung und zeichnerisch nachzuvollziehen. Bei der Erbauung einer Scheuer wird vom sog. Petrarca-Meister, Augsburg um 1520 (Abb. 204) mit Arbeitsmaterial und -vorgängen recht anschaulich geschildert, wie gerade die Dachsparren mittels Flaschenzug hochgezogen und befestigt werden. In einigen Landesteilen wurden auch Verbretterungen und Verschindelungen üblich, die wiederum eigene Holz(spalt-)Techniken erforderten (Abb. 198). So spielten die holzverarbeitenden Gewerbe eine tragende Rolle für das Siedlungsbild.

Für die Ausfachungen waren außer den frühen Bohlenwänden »gezäunte Wände«, Steine oder später Ziegel üblich. Schließlich bedurfte es für die Bemalung der Felder und Hölzer des ornamentreichen und farbenfrohen Malerhandwerks. Einige Beispiele der Gefachfüllung können das Übliche und einen Sonderfall (von vielen) verdeutlichen. Dem Weidengeflecht (Abb. 205) ist Stroh-

▼ 204

lehm aufgeklatscht worden, den man um der Haltbarkeit des Putzes willen mit Ritzmustern (Abb. 206) versah. Diese Ritzungen stellen also nicht immer alte Oberflächen»verzierung« dar. Auf dem Putz erschien die Bemalung mit Begleitstrichen, Ornamenten, Blattranken (Abb. 207). Eine Sonderform der Gefachfüllungen stellt das Häfnergeschirr in einem Bauernhaus von **Häfnerhaslach** dar (Abb. 208), vergleichbar den Füllungen mit Dachziegeln, Schlacken und dgl. Die Fehlbrände als Abfallprodukt ergaben ein ideales Füll- und Dämmaterial. Aber auch Ziegel, Bruchsteine, Quader, Tuffsteine dienten der Gefachfüllung.

Wo Steinbauten in den alten Dörfern auftreten, sind sie (meist noch) ein Spiegelbild der örtlichen Geologie. Man nahm für die Haus-, Hof- und Stützmauern an Steinen, was man auf der Gemarkung an Brauchbarem fand. Import von weither mußte schon seine besonderen Gründe haben, wenn etwa **nur** ungeeignetes Material in der Nähe zur Verfügung stand, ein vermögender Bauherr etwas Besonderes hinstellen wollte, oder seit dem späteren 19. Jahrhundert der Eisenbahnbau die Transportkosten senkte. Dennoch ist das bauliche Gesicht alter Dorfkerne häufig noch von Oberfläche, Farbe, Charakter des ortsgebundenen Gesteins bestimmt, also ortsspezifisch und deshalb sorgfältig zu analysieren.

Schließlich sei noch auf die Materialien der Dachdeckung im Dorf verwiesen. Während in den Städten durch Bauordnung seit dem 16. Jahrhundert das Ziegeldach mit »breiten Blatten-Ziegeln« statt Hohl-Ziegeln (= Nonne–Mönch) geboten wurde, blieben auf dem Land Strohschauben oder Schindeln erlaubt. Strohdächer waren in Oberschwaben noch bis in die jüngere Vergangenheit zu sehen (**Kürnbach** 1925, Abb. 209). Eigenartig war das frühzeitige Verbot der Kaminlosigkeit bei ziegel-, schiefer- oder schindelgedeckten Häusern in den Dörfern und Flecken auf dem Land, während für die strohgedeckten Häuser nur Maßnahmen getroffen werden sollten, »daß darauß nicht leichtlich Feuers-Gefahr zu besorgen seye«. Das mag damit zusammenhängen, daß Lehmstroh verwendet wurde, wo die unterste Strohlage dicht mit Lehm getränkt war und durch größere Gebäudeabstände die Feuergefährdung nicht so groß erschien, oder daß vielleicht sogar einmal in eine Bauordnung Rücksichten auf ärmere Bevölkerungsschichten eingeflossen sind. . .

Zusammenfassung und Fragestellung

Zur Analyse eines Dorfes gehören Überlegungen, was zur Lage, zur Ortswahl führte, und wie das Dorf mit seinem zunächst sicher unwirtlichen Umfeld fertig wurde. Heutige individuelle Gestaltqualitäten mögen sich aus Besonderheiten von Bodenformationen, Oberflächenrelief, Bewuchs, agrarischer Einteilung, also im Zusammenspiel von Natur und Landkultivierung mit ergeben. Des weiteren sind die Baumaterialien und ihre Bodenständigkeit, ihre Gewinnung, Zubereitung und Verarbeitung von Bedeutung für das individuelle Aussehen des alten Dorfes.

– Wie liegt der Ort in der umgebenden Landschaft?

– Auf welchem Untergrund steht der Ort (Fels, Kies, Schwemmboden, Lehm, Mergel usw.)?

205

206

207

208

209

– Welche natürliche Bodenbeschaffenheit machten sich öffentliche und private Bauten zunutze?

– Welche Baumaterialien sind früher üblich gewesen?

– Woher bezog man sie (Steinbrüche, Waldungen, Lehm-, Kies-, Sand-, Kalkgruben)?

– Wie pflegte man früher die Rohmaterialien zu gewinnen, vorzurichten und zu transportieren?

– Welche Handwerke konnten einst mit welchen Werkzeugen (Maschinen) orts- oder landschaftstypische Baumaterialien verarbeiten?

Ortsgeschichte und Ortsbauentwicklung
Strümpfelbach

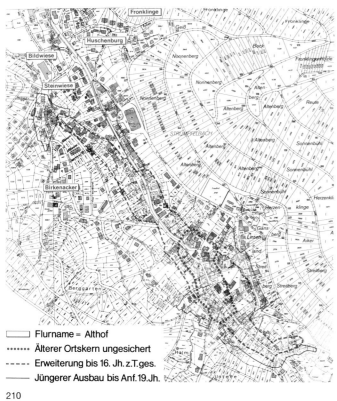

Flurname = Althof
•••••• Älterer Ortskern ungesichert
----- Erweiterung bis 16. Jh. z.T.ges.
——— Jüngerer Ausbau bis Anf.19.Jh.

210

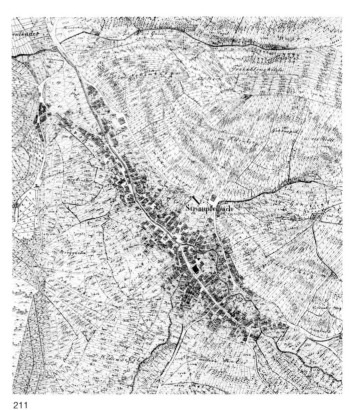

211

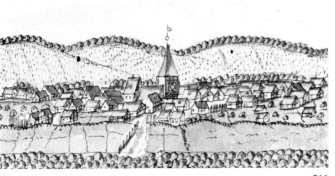

213 ▲   ▼ 214

Ortsgeschichte

Das Dorf »Striumphilbach« wird erstmals 1265 genannt in einer Schenkungsurkunde der Witwe Gisela Isenmanger von Esslingen an das Kloster Salem. Auch später noch werden Esslinger Bürger als Besitzer von Strümpfelbacher Weinbergen genannt, und der klösterliche Anteil ist nicht gering: begütert waren Adelberg, Bebenhausen, Denkendorf, Fürstenfeld neben Esslingen St. Paul und Salem. Um 1300 württembergisch, ziehen sich durch das 14. und 15. Jahrhundert Fehden mit der Reichsstadt Esslingen, etwa 1449 im Städtekrieg durch Niederbrennung des Dorfes. Im späteren 16. Jahrhundert konnte sich ein gewisser Wohlstand auch baulich zeigen (Abb. 213). Strümpfelbach war kirchlich von Waiblingen abhängig gewesen, 1496 wurde es eigene Pfarrei mit der Kirche St. Jodokus. Das Rathaus als weltliches Gegenstück entstand erst 1591, aber ein Schultheiß ist bereits 1403 bezeugt.

Grundlage des Wohlstandes war der Weinbau als Haupterwerbsquelle, in geringerem Maße später der Obstverkauf (Kirschen). Der seit 1692 als Weinstraße in Richtung Plochingen ausgebaute Fahrweg diente zur »Förderung des Wein-Commerciums«. Um 1800 ist noch der Berufszweig der »Hauderer« bemerkenswert, überregional tätige Transporteure von Privatgütern. Neben dem Obst- und Weinbau entwickelten sich die für ein funktionierendes Dorfwesen wichtigen Handwerks-Kleinbetriebe. Ansonsten gab es keinen größeren nennenswerten Wirtschaftszweig: der Weinhandel blieb für den Ort bis heute prägend (Abb. 214–216).

212

Ortsbauentwicklung

Über die baulichen Anfänge von Strümpfelbach können nur Hypothesen vorgetragen werden: Nordwestlich des Dorfes sollen drei der sechs sehr früh genannten Lehnshöfe auf den Fluren Huschenburg und Steinwiese den Beginn darstellen (Abb. 210). Die Brände von 1349 und 1449 dürften schon den heutigen Ortskern um Kirche und Rathaus betroffen haben. Von dieser Mitte aus scheint sich der Ort entwickelt zu haben, das Unterdorf beidseits des Bachs, das Oberdorf entlang der Hindenburgstraße vom Bach Abstand nehmend und danach die »Bachzeilenform« fortschreibend. Die dort zugehörige Erweiterung bildet gleichzeitig den östlichen Ortsrand mit der Hinteren Straße. Entsprechend schloß an das Unterdorf gegen Endersbach zu eine typische Erweiterung mit Traufseithäusern an (Abb. 218). Die jüngeren Randentwicklungen sind durch Vergleich der Flurkarten von 1832 (Abb. 211) und 1979 (Abb. 212) abzulesen. Im Dorfinnern hat sich ein nahezu intakter Hausbestand des 16./17. Jahrhunderts erhalten, so daß dort seither kaum oder keine Entwicklung mehr stattgefunden hat (Abb. 217).

215 ▲

▼ 216

217 ▲

▼ 218

Ortsgeschichte und Ortsbauentwicklung
Dorf

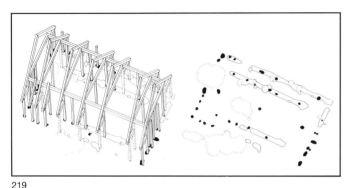

219

220

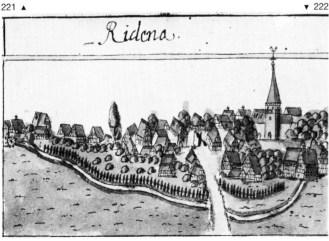

221 ▲   ▼ 222

Die Entwicklung unserer ländlichen Siedlungen und ihres Gebäudebestandes kann nicht verallgemeinert, sondern nur an einzelnen, genau untersuchten Beispielen differenziert gezeigt werden. Dabei darf man nicht von der Annahme ausgehen, das Dorf sei ziemlich unverändert aus sehr alter Zeit auf uns, d. h. das mittlere 20. Jahrhundert, gekommen, bis dann die moderne Umgestaltung eingesetzt habe. Aber auch von einer scheinbar kontinuierlichen und ein-sinnigen Entwicklung kann nicht die Rede sein.

Es gibt viele Hinweise dafür, daß »Entwicklungen« mehrfach unterbrochen wurden durch Stagnationsphasen und Zeiten rückläufiger Tendenz. So gibt es für das 15. Jahrhundert deutlich zu beobachtende Rückgänge der Zahl der Dörfer. Die Wüstungsfrage spielt im ausgehenden Mittelalter eine große Rolle, wobei angenommen werden darf, daß die abgegangenen Siedlungen ebenso zahlreich waren wie die heute noch bestehenden. Als Beispiel einer teilweise ausgegrabenen Wüstung kann Ulm-**Eggingen** dienen. Wie man sich ein Haus mit innerem Umgang vorzustellen hat, zeigt eine Rekonstruktion (Abb. 219).

Für die erhaltene Architektur unserer Dörfer bedeutet dies, daß sie aus recht heterogenen, keinesfalls linearen Entwicklungen hervorgegangen ist. Ebenso, wie man am einzelnen Gehöft oder Bauernhaus Phasen der Vergrößerung und Erweiterung, des Abbruchs und der Verkleinerung, der Reparatur und des Beibehaltens feststellen kann, ebenso ist für ein Dorf im heutigen Erscheinungsbild zu trennen zwischen Konzentration und Aufteilung, zwischen kontinuierlichen Ausdehnungsjahren und Schrumpfungs-Prozessen, etwa nach Katastrophen wie Ortsbränden, Kriegsverwüstungen, Überschwemmungen, z. B. der Eisgang von **Neckarhausen** im Rhein-Neckar-Kreis 1784 (Abb. 220).

Zur genaueren Kenntnis dieser Abläufe helfen Beobachtungen, die für jeden Ort so präzis wie möglich gemacht werden sollten. Ausgehend von der ältesten Flurkarte, von Veduten und Ortsbildern kann das Aussehen des Dorfes im frühen 19. Jahrhundert relativ sicher festgestellt werden. Weiter zurück helfen das Aufarbeiten von Archivalien (Lagerbücher, Inventure usw.), vergleichende Studien an Alt-Bauernhäusern, gesicherte Rekonstruktion der Vorgängerbauten.

Alte Dorfansichten, die vom individuellen Aussehen einer Siedlung berichten können, sind selten und kommen nur punktuell im Land etwa seit dem 16. Jahrhundert vor. Es sind sog. Landtafeln, z. B. des Filstals um Göppingen von 1534, entstanden aus Anlaß von Streitigkeiten um Geleitrechte, oder die Kurpfälzische Rheinstromkarte um 1590. Hervorgehoben sind Kirche und Schloß, dazu herum das Dächergewirr der Bauernhäuser. Individuelle Hausdarstellungen wie diejenige von **Waldburg,** Krs. Ravensburg, von 1628 (Abb. 221) sind kostbare Ausnahmefälle.

Das Wachstum der geschlossenen Dörfer erfolgte fast immer in einzelnen Zeilen und Gassen, nur innerhalb der Kernbereiche führte die Seldneransiedlung zur flächenhaften Entwicklung. Das randliche Wachstum der Dörfer zeigt, daß der jeweilige Etterzaun wohl eine zeitweilige, aber keine ein für allemal festgelegte Rechts- und Bebauungsgrenze darstellt. Seine siedlungsverdichtende Wirksamkeit kann deshalb nur relativ gewesen sein. Eindrucksvolle Etterzaundarstellungen sind im Kieser'schen Forstlagerbuch überliefert, die dieses völlig verschwundene, einst akzentuierende Grenzelement in der Dorfbauentwicklung deutlich zeigen, wie Aspach-**Rietenau** im Rems-Murr-Kreis (Abb. 222).

Die jüngere bauliche Entwicklung eines Dorfes kann am Beispiel **Breitenholz,** Gemeinde Ammerbuch bei Tübingen, abgelesen werden (Grees 1984, Abb. 223). Die Karte zeigt nicht den heutigen Bestand, den erst die aktuelle Baualterskarte bringt (s. S. 44ff). Es wird an der Entwicklungskarte aber deutlich, wie und in welchen Zeiträumen sich Randbebauungen um den Kern ansiedelten. Ursprünglich bestand das Dorf sicher nur aus einigen Höfen, die durch Teilung dörfliche Verdichtung verursachten. Als regelmäßige Erweiterung geben sich dann die an der Durchgangsstraße aufgereihten Häuser zu erkennen.

Um solche Entwicklungen nachprüfbar zu machen, sind außer der Aufarbeitung des Archivmaterials auch Beobachtungen am Baubestand notwendig. Der Quellencharakter älterer Häuser wird für die Erkenntnis früher Dorfgestalt-Entwicklung ganz deutlich; mit der Verbreiterung unseres konkreten Wissens um alte Bauernhäuser steht und fällt auch so manche Entwicklungstheorie. Deshalb ist eine Archäologie der bäuerlichen Architektur, wie sie als Wüstungsforschung und Bestandsaufnahme noch vorhandener Althäuser durch Mittelalterarchäologie und Hausforschung geleistet wird, ein dringendes Erfordernis. Nur so ist der Weg von der gescheiten, aber häufig unbeweisbaren Entwicklungstheorie-Literatur weg zum Faktennachweis zu gehen, ein schmerzhafter, aber sicher heilsamer Prozeß.

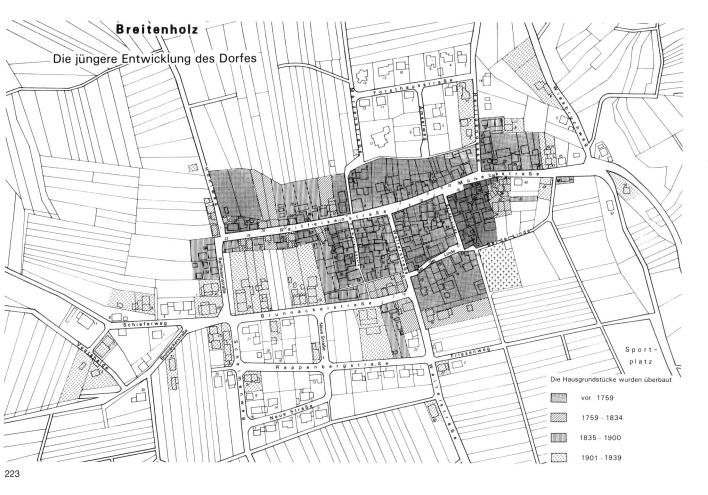

223

Zusammenfassung und Fragestellung

Die Ortsgeschichte unserer ländlichen Siedlungen ist ebenso wie ihre bauliche Entwicklung keineswegs ein-sinnig, geradlinig verlaufen. Der individuellen Geschichte eines Dorfes wird man dann gerecht, wenn man aus möglichst vielen Traditionen die für eine Ortsbaugeschichte maßgeblichen herausschälen und historische Abläufe mit dem Baubestand zusammenschließen kann. Dazu verhelfen alte Ansichten und Lagepläne, Bestandserfassung durch Wüstungs- und Hausforschung, vergleichende Siedlungsforschung.

– Welche allgemeinen historischen Daten sind für den Ort und sein Erscheinungsbild wichtig geworden?

– Haben frühere Herrschafts- und Besitzverhältnisse Spuren hinterlassen, die jetzt die Individualität des Ortes mitbestimmen?

– Welche (Elementar-)Ereignisse haben das Ortsbild entscheidend beeinflußt, wie Brand, Hochwasser, Kriegszerstörungen usw.?

– Welche Ursachen gab es für regere Bautätigkeit auf dem Land, etwa wirtschaftliche Blütezeiten, neue Techniken in Feldbestellung, Industrialisierung und Mechanisierung?

– Welche Hinweise gibt es auf den ältesten Ortskern, in welche Richtung entwickelte sich das Dorf (Vergleich von Hauslageplänen und Bestand)?

– Wo verlief der Dorfetter als alte Begrenzung, wo sind noch Gräben, Hecken und Durchlässe nachweisbar?

Sozialtopographie Strümpfelbach

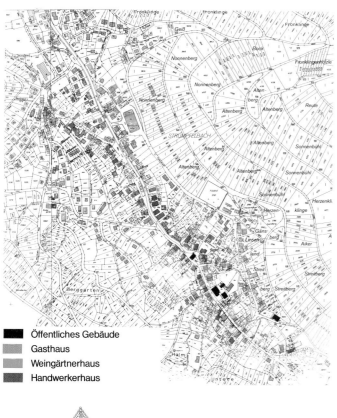

■ Öffentliches Gebäude
▨ Gasthaus
▨ Weingärtnerhaus
▨ Handwerkerhaus

Die Lage der verschiedenen Gebäude und das Wissen um ihre Auftraggeber im Dorf können viel zum Verständnis ganz bestimmter Ortseigentümlichkeiten beitragen. Das geht über das Erfassen einzelner Gebäudetypen, ihrer Gestalt und Lage bis zum Begreifen von Teilen oder der ganzen Ortsgestalt. In Strümpfelbach fügen sich die wenigen »öffentlichen« Gebäude dem Ortsganzen eher unauffällig ein: Die Kirche mit gedrungenem Kirchturm im Oberdorf, das Rathaus (Abb. 233) als einziges Haus fast symbolisch ortsmittig über den Bach gebaut und durch Arkaturen geöffnet, das Schulhaus (Abb. 234, 1866 neu errichtet) wie das Pfarrhaus in Kirchennähe. Ganz bezeichnend ist die Lage der drei Keltern, von denen noch die Bittelwiesen- oder Streitbergkelter (Abb. 235) als Kulturdenkmal zu beurteilen ist, am Ortsrand am Fuß der Weinberghänge.

Unter die »halböffentlichen« Bauten könnte man die Gasthäuser zählen, die ansonsten in Dörfern an großen Durchgangsstraßen typische Standorte einnehmen und über stattliche Häuser verfügen, hier vertreten durch das »Lamm« (Abb. 232). Die Abgelegenheit von Strümpfelbach hat diesen Gebäudetyp an Zahl etwas zu kurz kommen lassen. Von den eventuell in Klosterbesitz stehenden und den Klosterwein besorgenden Häusern wissen wir (noch) nichts.

◄ 224

225 ▲   24   Hindenburgstrasse   22   20   18   16

226   227   228

229

Das typische Weingärtnerhaus mit Keller (Hindenburgstraße 28, Abb. 226) bildet den Hauptanteil der historischen Bauten, etwa gleichmäßig über das Dorf verteilt in Giebelstellung, rückwärts die zugehörige Scheuer. Die Fachwerkhäuser, meist zweigeschossig mit steilem Satteldach (= drei Dachgeschosse) zeigen das charakteristische Rundbogentor zum Keller. Häufiger sind auch Außentreppen zum Oberstock, während das Erdgeschoß zum reinen Kellergeschoß schrumpfen kann. Der Weinbau(er) prägte Ortslage und Häuser, wie Türkeilsteine mit Weintrauben oder Weintrauben und Rebmessern verdeutlichen (Abb. 227, 229). Die noch notwendigen Gewerbe und ländlichen Handwerke fügten sich dem Erscheinungsbild ohne große Differenzierungen ein: In der Hindenburgstraße 20 (Abb. 230) mag das kleine Schusterhaus mit dem Handwerkerzeichen im Türbogen stellvertretend für noch weitere 70 Gewerbe stehen, wie sie 1850 für Strümpfelbach meist im Nebenerwerb genannt werden. Mit Hausmarken sind z. B. der Küfer (Alte Weinstraße 1, Abb. 228) oder der Steinmetz (Hindenburgstraße 7, Abb. 231) ausgewiesen. Das Miteinander von Weingärtnerhäusern mit Nebenhandwerk und Handwerkerhäusern mit Nebenwinzererwerb ist kaum zu trennen. Abgehoben sind allerdings die bäuerlichen Kleinstellen an den Dorferweiterungen mit typischen Traufseithäusern, wie sie im folgenden als jüngere Seldnerhäuser beschrieben werden.

233 ►

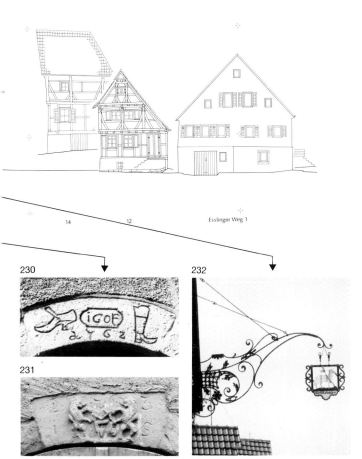

14   12   Esslinger Weg 1

230

234 ▲

▼ 235

232

231

Sozialtopographie Dorf

236

237

238 ▲   ▼ 239

240 ▼   241 ▼

Im Dorf ist das Erkennen von »geschichteten« Bauformen und ihrem engen Zusammenhang mit der Auftraggeber-/Bewohnerstruktur wichtig für die Frage, welche Gebäude-, Haus- und Hofformen waren wo möglich.

Sonderarchitekturen im Dorf, wie Kirche, Schloß, Pfarrhaus, Zehntscheuer, Kelter, Backhaus usw., lassen sich überall gut unterscheiden und kartieren. Besonders auffällig und überzeugend ablesbar wird das an Herrschaftsorten mit ausgeprägter Gebäudestruktur wie Angelbachtal-**Eichtersheim.** Das Wasserschloß der Herren von Venningen, die beiden Kirchen, das ehem. Rentamt (Abb. 236), Pfarr- und Rathaus bilden die Hauptakzente der Landresidenz, während Hofanlagen und Torfahrthäuser an der Hauptstraße (Abb. 237–239, unter ihnen der Venningsche Gutshof) dem bäuerlichen Bereich eine einheitliche, stattliche Note verleihen. Selbstbewußt erscheinen Pflugschar und Sech in einem Türkeilstein (Abb. 240). Dem Ortsrand zu bleiben Seldner- und Taglöhnerhäuser erhalten (Abb. 241).

242 ▲   ▼ 243   244 ▼

An Ortsrändern stehen noch einige Male landschaftsspezifische Baugruppen, wie Tabakscheuern (Abb. 242, Mannheim-**Seckenheim**), Grünkerndarren (Abb. 243, Walldürrn-**Altheim**) oder Kellerhäuschen (Abb. 244, Berglen-**Rettersburg**).

Die Dorfkerne haben allerdings selten bis heute ihre alte Gestaltgliederung bewahrt, am ehesten noch im Grundriß. Am normalen Hof und Haus des Bauern sind bis ins frühe 20. Jahrhundert in Lage, Gruppierung und Ausbildung Regelmäßigkeiten festzustellen, die auf der spezifischen Orts- und Personengeschichte beruhen. Ein Dorf der Ulmer Gegend (Tomerdingen 1465, nach H. Grees) kann in einem Vertrag mit »maier, huber, lechner, soldner und gehewsitter« (= Gehauster) die ganze soziale Rangordnung der Dorfbewohner vorstellen. Dazu ist am Beispiel **Seißen,** Stadt Blaubeuren (Abb. 245), der Zusammenhang Haus und Erbauer konkret zu erläutern, wie es früher allgemein für Ostschwaben der Fall gewesen sein wird; heute ist das vielfach nur noch rudimentär nachweisbar.

1. Der **Maierhof** nimmt eine Sonderstellung ein, ihm gehörten die »Breiten«, die besten Ackerflächen und der »Brühl«, das bevorzugte Wiesenland. Er bildete als herrschaftliches und wirtschaftliches Zentrum oft auch topographisch den Mittelpunkt im

Dorf. Frühe Teilungen (bis zu Achteln bei beträchtlichen Anfangsgrößen) lassen allerdings seine architektonische Erscheinung häufig nicht mehr erkennen. Entsprechend sind Widumhöfe (Kirchen-Eigen) oder Burg- und Bauhöfe (Herrensitz-Eigen) besonders große und ausgezeichnete Höfe (Abb. 247).

2. Der Inhaber einer **Hube** (Huber) ist von dem eines **Lehens** (Lechner) häufig nicht zu unterscheiden. Kleiner als ein Maier-Hof, vermögen sie zumindest die volle Ernährung der Familie zu gewährleisten (Mittelbauer). Ihre Entstehung verdanken sie oft herr-

schaftlicher Initiative, wobei sie vielfach Ergebnis einer Teilung aus einer größeren Lehenseinheit sein können. Ihre Höfe sind mittelgroß, sie führen zu dörflicher Gruppensiedlung und regelhafter Anordnung hin, ferner zu ersten Ansätzen einer zeilenförmigen Bebauung (Abb. 248, 249).

3. Der **Seldner** macht die breite Unterschicht in den ländlichen Siedlungen aus. Er verdient seinen Hauptunterhalt als Taglöhner bei den größeren Bauern (Taglöhnerseldner) oder als Gewerbetreibender (gewerblicher Seldner). Das Verhältnis Bauer zu Seldner (manchmal 1 : 5 oder mehr) hat den Siedlungscharakter wesentlich beeinflußt: Die Größe einer Siedlung wird von der Zahl der Selden bestimmt. Mittelpunktsorte haben bevorzugt Seldner angezogen, dort konnten sich spezialisierte Gewerbe entwickeln, häufig die Weberseldner. Die Seldner machen die bäuerliche Kleinsiedlung Ostschwabens erst zum Dorf, sie füllen die Lücken zwischen den bäuerlichen Lehen aus, auf deren Hofgrundstücken sie z. T. erbaut werden (Abb. 250, 251). Die Seldnerzeilen lassen die dörflichen Gassen entstehen, oftmals muß die Ettergrenze hinausgerückt werden. Siedlungskonzentration und bauliche Konzentration sind meist diesen Seldneransiedlungen zu verdanken.

4. Die »**Gehausten**«, Beisassen, Beiwohner oder Häusler als bäuerliche Unterschicht besitzen zunächst kein eigenes Haus und gehören rechtlich nicht zur Gemeinde. Sie bekommen aber vermehrt seit dem 18. Jahrhundert die Möglichkeit, ein eigenes kleines Haus zu errichten (= »Gnaden-, Leer- oder Neuhaus«). Das geschieht oft am Rand der Siedlungen, wo sie wiederum ganze Straßenzeilen bilden können.

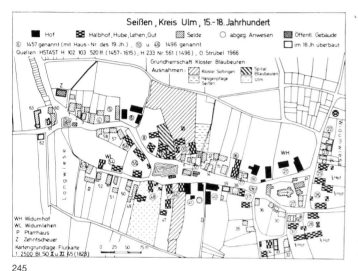

245

246

247

248 ▲   ▼ 250

249 ▲   ▼ 251

Zusammenfassung und Fragestellung

Die Schichtung der Gebäude im Dorf spiegelt alte Ordnungen, alte Strukturen wider. Die Lage der öffentlichen und Gemeinschaftsbauten ist oft recht typisch für den Ort. Ebenso aufschlußreich kann die Abklärung sein, wo der Maier- oder Widumshof lag, wo Höfe der Huber und Lechner, wo Seldner- und »Häusler«behausungen stehen. Um diese Probleme hat sich die historische Siedlungsgeographie punktuell bemüht, doch bedürfte es gerade in Denkmaldörfern besonders dieser Nachforschungen. Die Dorfgestalt wird so in ihrer Wertigkeit durch das Wissen um die Verursacher und ihre unterschiedliche soziale Stellung besser verständlich.

– Wo liegen die öffentlichen Bauten im Dorf (Kirche, Rathaus, Schule . . .) und wie unterscheiden sie sich von den privaten Bauten?

– Gibt es Gemeinschafts- oder Sonderwirtschaftsgebäude, die eine ortsbildprägende Lage einnehmen, wie Backhaus, Kelter, Tabakscheuern, Grünkerndarren?

– Welche Haus- und Hofformen sind zu erkennen, welcher Bevölkerungsschicht sind sie zuzuordnen?

– Ist die Lage ehemals charakteristischer, an Wasser oder die Durchgangsstraße gebundener Gewerbe und des Landhandwerks zu erkennen, wie Müller, Küfer, Schmied, Wagner, die Wirtshäuser?

– Kann man noch die Form und Lage der Seldner- und »Häusler«behausungen erkennen, etwa als dorfverdichtend oder in Randlage?

Baualter Strümpfelbach

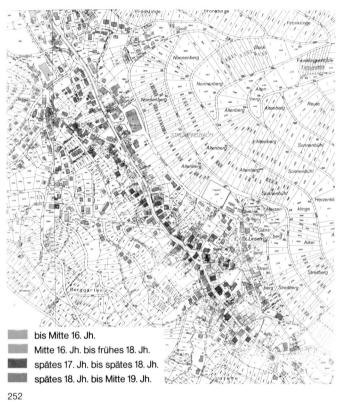

bis Mitte 16. Jh.
Mitte 16. Jh. bis frühes 18. Jh.
spätes 17. Jh. bis spätes 18. Jh.
spätes 18. Jh. bis Mitte 19. Jh.

252

Beim Althausbestand unserer Dörfer und ländlichen Siedlungen weiß man oft nicht, wie alt im einzelnen Wohnhaus, Scheuer, Stall und Nebengebäude sind. Dabei ist die Feststellung des Baualters mit Hilfe vieler Quellen und Details möglich. Die aussagekräftigsten Quellen sind die Gebäude selbst, wenn man sie genau genug befragt und beobachtet. Am einfachsten scheint die Datierung dort zu sein, wo sich Jahreszahlen oder Bauinschriften am Haus befinden. Datierbare Schmuckformen und Konstruktionen, Bearbeitungs- und Bemaltechniken können weiterhelfen. Besonders reich an datierten Häusern ist Strümpfelbach und deshalb gehört es fast zu den Ausnahmen. Dennoch kann gerade an diesem Ort exemplarisch gezeigt werden, welche Inschriftarten, Bauteile und Schmuckmotive zu Datierungen führen, aber auch, wie vorsichtig man bei scheinbar sicheren Daten sein muß.

Eine Baualterskarte als Ergebnis aller datierbaren Häuser, die als Kulturdenkmale gelten, läßt mit **einem** Blick eine Übersicht über den Baubestand zu. Freilich können keine Umbauten oder Reparaturen im Detail berücksichtigt werden. Beim ländlichen Bauen sind statt der nicht zutreffenden Stilbezeichnungen zeitlich einander übergreifende Stadien der Fachwerkentwicklung hilfreich. Es fällt auf, wie die Gebäude mit Konstruktions- und Schmuckformen der 2. Hälfte des 16. und des 17. Jahrhunderts überwiegen und sich gleichmäßig von Dorfbeginn bis -ende verteilen. Die Häuser des 18. Jahrhunderts konzentrieren sich mehr auf das Unterdorf, während sie im Oberdorf weniger häufig auftreten. Schließlich sind noch ein paar Vertreter der Zeit um 1800 vorhanden. Auf die Kartierung der jüngeren Bauten und Nicht-Denk-

257 ▲

258   259   260   261

253

254

255

256

mäler wurde verzichtet, um den Reichtum des Erhaltenswerten auch in der Altersstruktur rasch ablesbar und in Erhaltungsforderungen umsetzbar zu machen.

Als Beispiele sollen Tore und ihre Profilierungen, die auffälligen Hauseingänge also dienen. Hauptstraße 65 (Abb. 253) zeigt ein profiliertes Rundbogentor von 1587, der zweiflüglige Verschluß hat ein schlichtes Kantholzgitter. Hauptstraße 33 ist 1561 datiert, das profilierte Tor zum Vorkeller allerdings erst 1609 (Abb. 254). Es diene als Hinweis auf zurückhaltende Übertragung von Tordaten auf das ganze Haus, da spätere Einbrüche oder Vorbauten erfolgt sein können (auch die Wiederverwendung älterer Datensteine kommt vor). Ein prächtiges Barocktor mit gleichzeitig aufgedoppelten Rautenflügeln datiert Hauptstraße 9 ins frühe 18. Jahrhundert (Abb. 255). Der Korbbogen als Leitform des Barock verdrängte die sonst zeitlose Rundbogenform. Zuletzt sei das Kellertor Am Hüttenbach 6 von 1786 (Abb. 256) genannt. Wiederum ist eine Erweiterung einem Haus von etwa 1570 vorgelegt worden.

Der Straßenzug Hauptstraße 28–46 (Abb. 257) vereint viele Häuser vom 15. bis 18. Jahrhundert und kann mit typischen Details zeigen, wie die Häuser zeitlich einzuordnen sind. Am Haus Nr. 32 (Abb. 258) gibt es rückwärts im unteren Stock vor die Schwelle geblattete Streben, die noch ins frühe 16. Jahrhundert weisen (ähnlich das Beispiel Aichelberger Straße 5, Abb. 259). Es folgt Hauptstraße 46, das zweimal an Knaggen 1570 datiert ist. Im Giebel finden sich ungewöhnlich viele geschweifte Andreaskreuze (Abb. 260). Das mit reichen Flechtbändern an den Eckständern versehene Haus Nr. 28 ist im Schild mehrfach 1596 datiert (Abb. 261). Es folgt Hauptstraße 44 (Abb. 262) von 1607. Eine Verlesung der Jahreszahl in der Tartsche (Abb. 263) hat zu der späteren falsch erneuerten Jahreszahl 1667 geführt; die ältere Lesung paßt aber eher zum Charakter des Fachwerks, wiederum ein Hinweis zum genauen Beobachten und kritischen Vergleichen. Schließlich ist Hauptstraße 32 (Abb. 264) ein guter Vertreter des schlichter werdenden Fachwerks des 18. Jahrhunderts, das mit dünnen Zwischenständern und K-Formen arbeitet. Hauptstraße 10 mit seinem 1780 bezeichneten Keller (Abb. 265) zeigt dies nochmals auf.

32   30   28

262

263

264

265

Baualter Dorf

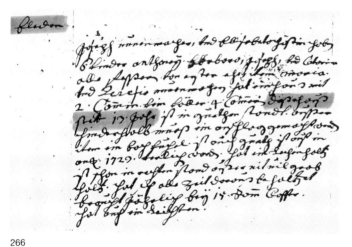

266

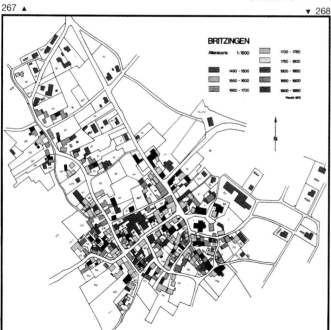

267 ▲   ▼ 268

Für ein richtiges Verständnis der noch vorhandenen alten bäuerlichen Architektur ist die Kenntnis ihrer Entstehungszeit und der regional-zeitlichen Besonderheiten wichtig. Freilich ist die Bauzeit des einzelnen Gebäudes häufig nur ungefähr anzugeben. Oft helfen Jahreszahlen am Haus, schriftliche Quellen, bestimmte stilistische Datierungsmöglichkeiten weiter. Der mühsame und genaue Weg wird meist über eine Kombination von Quellenbelegen gehen müssen: Beobachtungen am Bau, vergleichende Bauforschung, archivalische Nachrichten, Literatur und Bauakten. Von einigen Möglichkeiten sei hier die Rede, um Datierungshilfen anzudeuten.

Schriftgut ist im ländlichen Bereich oft schwerer zugänglich und weniger systematisch erschlossen als im städtischen. Bauakten sind, wenn überhaupt, erst seit dem späten 19. Jahrhundert üblich geworden und auswertbar. Weiter zurück führen Kauf- und Güterbücher, sowie Inventuren bei Erb- und Heiratsfällen. Eine Liste der Häuser mit Kurzbeschreibung und Altersangabe, wie sie A. Schahl für die Herrschaft Kißlegg von 1736 publiziert hat, sind die Ausnahme. Als Beispiel einige Zeilen des Archivals für **Blöden** im Faksimile (Abb. 266). Leichter zugänglich bei den Gemeinden sind die Altersangaben der württembergischen Brandversicherungsbücher und der badischen Einschätzungstabellen in den Gebäudeversicherungsbüchern, die kritisch zu benützen sind.

269   270

271   272

273   274

Als Beispiel diene **Britzingen,** Stadt Müllheim, wo im Einschätzungsverzeichnis 1908 unter Alter und baulicher Zustand recht verläßliche Angaben gemacht werden (Abb. 267). Dies wurde auch den von Fr. Feucht 1972 erarbeiteten Baualtersangaben zugrundegelegt (Abb. 268). Die Haus- und Hofbeispiele entsprechen vielfach bis heute dem Bestand, wie ihn die Einschätzungstabelle erfaßte. Plan und Statistik zeigen, daß die Bauten des 18. Jahrhunderts (hellgrün, gelb) die Altersstruktur des Dorfes beherrschen. Stellvertretend seien der Hakenhof Markgräflerstraße 23 von 1738 (Abb. 270), die Haufenhöfe Markgräflerstraße 14 von 1774 (Abb. 271) und Kaffeegasse 5 von 1789 (Abb. 272) genannt. Der Walmdachbau Ehebachstraße 20 von 1596 (Abb. 269) legt nahe, daß aus älterer Zeit in den Dörfern eher nicht-bäuerliche Häuser erhalten blieben, hier herrschaftlich-neuenfelsisch. Wie sehr auch das retardierende Moment zu berücksichtigen ist, sieht man an barocken Details der Scheuer Markgräflerstraße 20 von 1848 (Abb. 273) und des Dreiseithofs Markgräflerstraße 30 von 1833/71 (Abb. 274).

Eine in bestimmten Fachwerkgebieten verbreitete hilfreiche Datierungsangabe ist – entsprechend den Keilsteindaten an Toren von Steinbauten – das Datum mit Anfangsbuchstaben des Erbauers, manchmal auch noch der Zimmerleute an Eckständern oder Holzstützen. Auffällige und durchschnittliche Beispiele sind besonders aus dem **Hohenloher Land** und angrenzenden Gebieten bekannt geworden: Ein früher Eckständer aus Orendelsall, 1551 datiert, zeigte typische Schrägwulste (Abb. 275); Mittelständer mit Daten sind häufiger, hier in Kleinaspach 1634 (Abb. 276). Rosetten und Besitzerinitialen von 1700 finden sich an einer Scheuer in Unterginsbach (Abb. 277); besonders wertvoll ist der Eckständer in Michelfeld von 1769, der den Zimmermeister Christian Heinrich Fath in Feiertagsmontur zeigt (Abb. 278).

Zeitlich um 1790–1830 und örtlich um **Schwäbisch Hall** sind beispielhaft datierte spätbarocke Eckständer mit Mustern vorzustellen, die allerdings bis tief ins 19. Jahrhundert in Gebrauch standen. Bandelwerk und Wappen spielen eine Rolle, so in Wolpertshausen 1787 (Abb. 279), Vellberg 1795 mit Zimmererwerkzeug (Abb. 280), Hörlebach 1804 (Abb. 281), Wolpertshausen 1820 (Abb. 282), Eschenau 1830 (Abb. 283). Ein auffälliger Eckständer in Altfürstenhütte 1826 gehört zu einem Gasthaus (Abb. 284), die späteren Eckständer zeigen Wappen: Hohenberg 1842 (Abb. 285) und Merkelbach 1875 (Abb. 286).

Im Dorf haben die ältesten Bauten meist nur in Resten die Zeiten überdauert, am ehesten Groß- und Sonderbauten (Kirche, Burg oder Herrschaftshaus, Kelter). Diesen manchmal noch mittelalterlichen Gebäuden entsprechen ganz wenige ebenso alte Bauernhäuser; allerdings sind unsere Kenntnisse vom mittelalterlichen Bauernhaus noch sehr gering, erst allmählich werden datierende Hinweise (Dendrochronologie!) auf spätmittelalterliche Holzbauten und ihre Reste bekannt. Während für das 16. und frühe 17. Jahrhundert ein gewisser Aufschwung der Bautätigkeit festzustellen ist, haben der Dreißigjährige Krieg, später französischer Reunions- und spanischer Erbfolgekrieg im Land tiefe Wunden hinterlassen und ersterer auf Jahrzehnte das Baugeschehen gelähmt. Deshalb stammt auch der Hauptanteil bäuerlicher Architektur erst aus dem 18. und frühen 19. Jahrhundert, dem nochmals gegen 1900 eine »Innovationswelle« (erneuernder Umbau bzw. Neubauten) folgte.

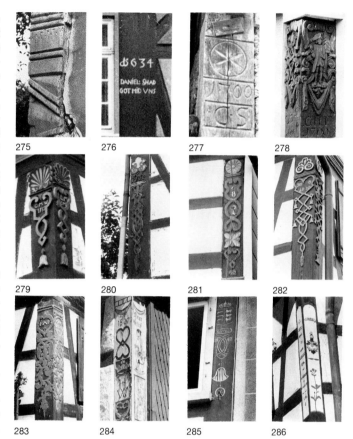

275   276   277   278

279   280   281   282

283   284   285   286

Zusammenfassung und Fragestellung

Die Datierung von Höfen und Bauernhäusern ist oft sehr schwer. Archivalien sind selten vorhanden oder noch nicht erschlossen, stilistische Eigenheiten haben eine recht lange Lebensdauer, das Datum am Haus ist nur in selbstbewußteren Gegenden üblich geworden und dann recht hilfreich. So geben Daten und Besitzerinitialen an Eckständern von Fachwerkbauten eine Hausgeschichte in kürzester Form. Auch die Angaben in Brandversicherungsbüchern helfen weiter. Der Vergleich fest datierter Häuser mit ähnlich aussehenden verhilft zu einer relativen Chronologie. Die Kartierung des Baualters aller Häuser im Dorf ist eine sehr wichtige und besonders für Dorf-Entwicklungspläne grundlegende Voraussetzung, der man sich nicht entziehen sollte, auch wenn sie mühsam und oft schwierig ist.

– Wie alt sind Kirche und Rathaus am Ort, Schule und Backhaus, Kelter und Zehntscheuer, Schafhaus und Farrenstall?

– Wie alt sind die Bauernhöfe und Wohnstallhäuser, wie verhält sich altersmäßig das Wohnhaus zum Stall, zur Scheuer?

– Welche Gebäude gibt es noch aus dem Mittelalter, der frühen Neuzeit, dem 19. Jahrhundert?

– Welche Datierungshilfen gibt es am Gebäude (Inschriften, Baudaten, Ornamente, spezifische Fenster- und Türformen, Konstruktionsweisen)?

– Welche Datierungshilfen sind aus Archivalien und Büchern (Heimatliteratur), mündlicher Überlieferung, alten Bauplänen und Fotos zu erhalten?

Kulturdenkmale und Gesamtanlagen, erhaltenswerte Bauten und Bereiche

Dorf

Es wurde bereits mehrfach bemerkt, daß nicht alles, was alt ist, gleiche geschichtliche Bedeutung besitzt, die es gleich erhaltenswert macht. Auch hat nicht alles eine historische Qualität, die ein öffentliches Erhaltungsinteresse begründet, wie es durch die Kriterien des DSchG und/oder des BBauG bzw. der LBO definiert ist (vgl. dazu im einzelnen S. 10ff). Das gilt für die dörflichen Ortskerne genauso wie für die Städte.

Auf den vorhergehenden Seiten wurde erläutert, welche Einzelschritte einer historischen Analyse es ermöglichen, die heute noch vorhandenen Überreste aus vergangener Zeit und ihre jeweilige Bedeutung zu erkennen. Nun soll zusammengefaßt werden, wie diese Kenntnisse zu nachprüfbaren Wertungen führen, d. h., wie sich im dörflichen Bauwesen Kulturdenkmale und Gesamtanlagen und sonstige erhaltenswerte Bauten und Bereiche darstellen unter Berufung auf die einzelnen Analyseschritte.

Kulturdenkmale, Gesamtanlage und erhaltenswerter Bereich Strümpfelbach

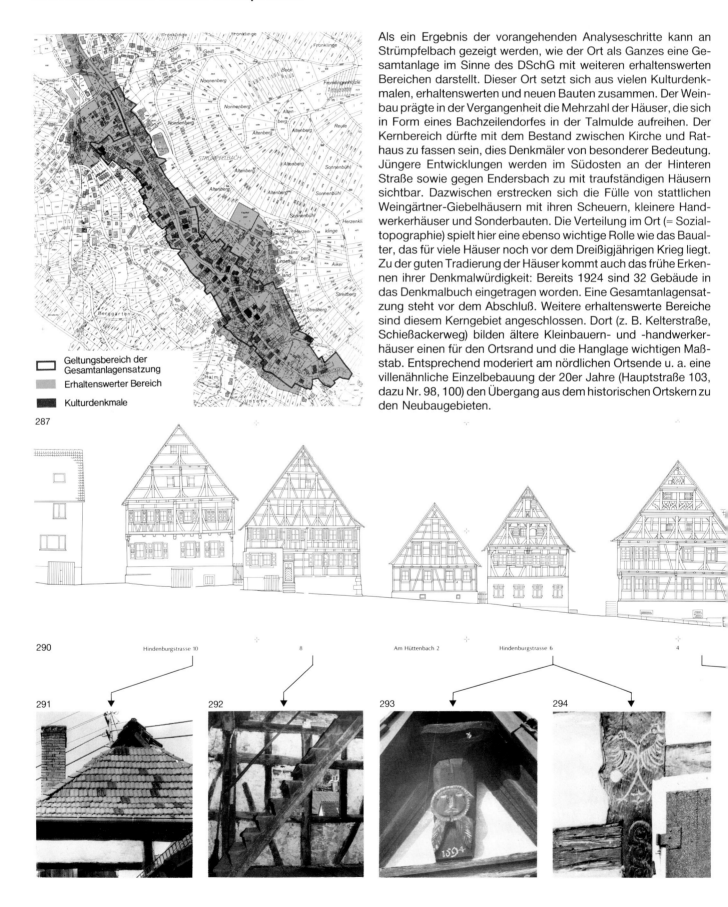

Geltungsbereich der
Gesamtanlagensatzung

Erhaltenswerter Bereich

Kulturdenkmale

287

290   Hindenburgstrasse 10   8   Am Hüttenbach 2   Hindenburgstrasse 6   4

291   292   293   294

Als ein Ergebnis der vorangehenden Analyseschritte kann an Strümpfelbach gezeigt werden, wie der Ort als Ganzes eine Gesamtanlage im Sinne des DSchG mit weiteren erhaltenswerten Bereichen darstellt. Dieser Ort setzt sich aus vielen Kulturdenkmalen, erhaltenswerten und neuen Bauten zusammen. Der Weinbau prägte in der Vergangenheit die Mehrzahl der Häuser, die sich in Form eines Bachzeilendorfes in der Talmulde aufreihen. Der Kernbereich dürfte mit dem Bestand zwischen Kirche und Rathaus zu fassen sein, dies Denkmäler von besonderer Bedeutung. Jüngere Entwicklungen werden im Südosten an der Hinteren Straße sowie gegen Endersbach zu mit traufständigen Häusern sichtbar. Dazwischen erstrecken sich die Fülle von stattlichen Weingärtner-Giebelhäusern mit ihren Scheuern, kleinere Handwerkerhäuser und Sonderbauten. Die Verteilung im Ort (= Sozialtopographie) spielt hier eine ebenso wichtige Rolle wie das Baualter, das für viele Häuser noch vor dem Dreißigjährigen Krieg liegt. Zu der guten Tradierung der Häuser kommt auch das frühe Erkennen ihrer Denkmalwürdigkeit: Bereits 1924 sind 32 Gebäude in das Denkmalbuch eingetragen worden. Eine Gesamtanlagensatzung steht vor dem Abschluß. Weitere erhaltenswerte Bereiche sind diesem Kerngebiet angeschlossen. Dort (z. B. Kelterstraße, Schießackerweg) bilden ältere Kleinbauern- und -handwerkerhäuser einen für den Ortsrand und die Hanglage wichtigen Maßstab. Entsprechend moderiert am nördlichen Ortsende u. a. eine villenähnliche Einzelbebauung der 20er Jahre (Hauptstraße 103, dazu Nr. 98, 100) den Übergang aus dem historischen Ortskern zu den Neubaugebieten.

288

289

Die Spannweite der historischen Substanz reicht vom Kulturdenkmal von besonderer Bedeutung, hier die Pfarrkirche (Abb. 288), bis zum erhaltenswerten Detail, hier die Pflasterung einer Hofzufahrt (Abb. 289).

Am Beispiel eines Teils der Hindenburgstraße (Abb. 290) ist die Denkmaleigenschaft einzelner Gebäude zu erläutern, die an originale Substanz bis zum Ausstattungsdetail gebunden ist. Ehem. Funktion, Baualter, Gestaltqualitäten, historisches Erscheinungsbild, Bedeutung für die Hausforschung und Ortsgestalt spielen u. a. eine Rolle. Nur an wenigen, wechselnden Ausschnitten soll dies gezeigt werden. Das Weingärtnerhaus Nr. 10 zeigt Fachwerk des 16. Jahrhunderts; an der Rückseite blieb mit dem sog. Eulenloch am First (Abb. 291) der Hinweis erhalten, daß es sich um eines der seltenen ehem. Rauchhäuser handelt. Bei Nr. 8 weist das Dachgeschoß noch die originalen Blockstufen auf (Abb. 292). Das ehem. Seldnerhaus Am Hüttenbach 2 zeigt schlichtes Fachwerk um 1800 und flachgedeckten Vorkeller. Der Denkmalwert liegt in dem für Strümpfelbach selteneren Haustyp und seiner trotz des rückwärtigen Anbaus reinen Ausbildung. Beim kleineren Weingärtnerhaus Nr. 6 sind besonders der 1594 datierte Neidkopf (Abb. 293) oder Flachschnitzereien auffällig, u. a. ein Doppelkopfadler (Abb. 294), der auf Esslinger Besitz gedeutet wurde. Das stattliche Weingärtnerhaus Nr. 4 von 1570 birgt im Erdgeschoß eine Eckstube mit kassettierter Decke (Abb. 296). Unter dem traufständigen Scheunenanbau erstreckt sich ein großer, ausnahmsweise straßenparallel tonnengewölbter Keller (Abb. 295). Schließlich zeichnet sich das Traufseithaus Nr. 2 an der Rückseite durch kleine Treppen- und Galerieanbauten des 18. Jahrhunderts aus (Abb. 297). Als kennzeichnende Details seien hier noch ein Zierband und Türklopfer des Spätbarocks abgebildet (Abb. 298). Aus all dem soll ersichtlich werden, daß nicht nur die Fassadenausbildung, sondern die ganze historische Haussubstanz mit Räumen und Ausstattungsteilen für die Denkmaleigenschaft von Belang ist.

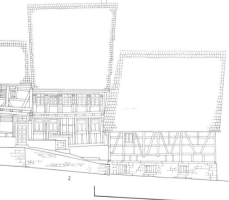

2

295

296

297

298

Gesamtanlage und erhaltenswerter Bereich Dorf

☐ Geltungsbereich der Gesamtanlagenverordnung

▨ Erhaltenswerter Bereich   ▮ Kulturdenkmale

299

300

◄ 301

In den vorhergehenden Kapiteln wurden Arbeitsschritte aufgezeigt, mit deren Hilfe u. a. auch die Feststellung von Kulturdenkmalen und Gesamtanlagen im Sinne des DSchG sowie sonstigen erhaltenswerten Bauten und Bereichen im ländlichen Raum erfolgen kann. Es soll damit auch gesagt sein, daß das Erkennen von Gesamtanlagen bzw. Kulturdenkmalen nicht ein kurzer Vorgang ist, beim einmaligen Durchlaufen des Dorfes vollzogen, sondern daß stets sorgfältige Vorarbeiten nötig sind. Die Ortsgeschichte ist wie die bauliche Entwicklung von Bedeutung, die Auftraggebergeschichte so wichtig wie das Baualter des einzelnen Hauses. In der Abwägung und Begründung werden dann die Qualifikationen deutlich, die zur Ausweisung einer Gesamtanlage führen oder erhaltenswerte Bereiche kennzeichnen können.

Die individuelle Erscheinung einer Dorfgestalt ist vorwiegend von ihren Altbauten bestimmt. Das kann neben Kirche, Schloß und Rathaus das landschaftstypische Bauernhaus mit Stall und Scheuer sein, aber auch die Kleinarchitektur wie Back-, Milch- und Schafhaus bis zur Wegkapelle und zum Bildstock. Zu analysieren ist neben der Architektur auch die Gestaltung des Freiraums. Blumengärten vor und Obstgärten hinter dem Haus, ihre alten Einhegungen und Brüstungsmäuerchen, gesandete und gepflasterte Wege und Zufahrten, unverdolte Bäche mit Brücken und Stegen, Zäune, beschnittene Hecken und das Zusammenspiel von Flur, Feld und Baulichkeiten. Eine meist vergessene Grenze hatte rechtliche, aber auch bauliche Wirksamkeit: der Dorfetter. »Also was die Ring-Mauern in einer Stadt, das ist der Etter in einem Dorff und was ausser dem Dorff ist, nemlich Felder, Vieh Waid, Holtz und dergleichen, das heisst ausser Etter« (H. Fischer, Schwäbisches Wörterbuch). Verdichten sich »innert Etter« Kulturdenkmale, historische Bauten und freiraumgestaltende Anlagen, lassen sich alte Sozialstrukturen und Grenzen ablesen, dann kann von einer dörflichen Gesamtanlage gesprochen werden.

Auch für Dörfer, die als Gesamtanlagen ausgewiesen werden sollen, gilt, daß an der Erhaltung ihres Erscheinungsbildes aus wissenschaftlichen, künstlerischen oder heimatgeschichtlichen Gründen ein **besonderes** öffentliches Interesse vorhanden sein muß. Solche Dörfer werden im allgemeinen eine Vielzahl von Kulturdenkmalen besitzen, der Baubestand wird eine gewisse Schichtung in soziotopographischer und baualtersmäßiger Sicht zeigen, das zu schützende Ortsbild wird sich deutlich nach außen abgrenzen lassen. Dabei ist nicht notwendig, daß jedes einzelne Haus Kulturdenkmal ist. Die Gesamtanlage schließt auch (Alt-) bauten ein, die selber nicht Denkmale sind. Aber ihr Erscheinungsbild prägt den Dorfbaucharakter und ist für die Gesamtheit von Bedeutung. Laut § 19 DSchG kann die Gemeinde im Benehmen mit dem Landesdenkmalamt ihren historischen Ort durch Satzung unter Denkmalschutz stellen. Welche Qualifikation solche Dörfer aufweisen müssen, wurde oben schon erörtert und soll nochmals an zwei Beispielen erläutert werden:

Ötlingen, Stadt Weil am Rhein, ist seit 1981 als Gesamtanlage ausgewiesen. Das prächtig auf einem Sporn in der Rhein- bzw. Kanderebene gelegene Reb- und Ackerbaudorf ist von fruchtbarem Löß umgeben, auf der Höhe steht Tüllinger Kalk an. Getreide- und Hackfruchtbau einerseits, Rebkulturen andererseits bestimmen die Landschaft. Das geschlossene Ortsbild mit wertvoller historischer Bausubstanz verdankt seine Erhaltung u. a. der Abseitslage von der großen Rhein-Durchgangsstraße.

1064 wird Ötlingen erstmals erwähnt. Begütert waren hier Basler Domherren und Klöster, Ottmarsheim mit zwei Höfen und die

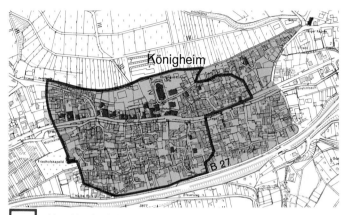

Vorschlag für Geltungsbereich einer Gesamtanlagensatzung

Erhaltenswerter Bereich   Kulturdenkmale

302

303

304 ▲   ▼ 305

Herrschaft Rötteln mit dem Zehntgebäude. An der Hangkante dominiert die gotische Galluskirche. Entlang der Dorfstraße wechseln Gehöfte und Einzelhäuser ab (Abb. 300, 301), überwiegend in Steinbau mit Treppen und profilierten Fensterstöcken, häufig noch des 16. Jahrhunderts, ferner große Scheuern des 18. Jahrhunderts und einige ausgezeichnete Sondergebäude auch in Fachwerk (z. B. das Kogerhaus von 1571). Die Dichte der bäuerlichen Kulturdenkmale und das geschlossene historische Ortsbild machen das besondere öffentliche Interesse deutlich, das an der Erhaltung dieser Gesamtanlage besteht.

Königheim, Main-Tauber-Kreis, liegt im Brehmbachtal, einem Seitental der Tauber. Der Untergrund ist Muschelkalk. Auf den flacheren Nordhängen wird Wein angebaut, dann folgen Äcker und Wald, der auch für Bauholz bereitsteht. Als Steinmaterial wurde Buntsandstein aus dem Taubertal verwendet.

Königheim wird 1149 erstmals als »Chennenkeim« erwähnt, dürfte aber bereits als frühfränkische Siedlung bestanden haben, wie Martinspatrozinium und ein Reihengräberfeld des 7. Jahrhunderts nahelegen. Die (verschwundene) Burg war Eigentum der Grafen von Wertheim, der Ort im 16. Jahrhundert Lehen der Grafen von Löwenstein-Wertheim, dann gehörte er zu Kurmainz bis 1803. Bereits 1422 erhielt Königheim Marktrechte.

Von der Kirche anstelle der Burg ausgehend hat sich der Ort vermutlich zunächst den Brehmbach aufwärts entwickelt. Dafür sprechen u. a. noch Bauten des 16. bis frühen 18. Jahrhunderts im näheren Kirchenumkreis, während ostwärts Häuser ab Mitte des 18. Jahrhunderts zunehmen. Wie sehr Naturkatastrophen, die u. a. für 1609 oder 1841 überliefert sind, bauauslösend und -verändernd wirken, kann an den jüngsten Folgen des Hochwassers vom 21. 6. 1984 abgelesen werden.

Die stattlichen Gehöfte sind auf der sonnigeren Nordhälfte angelegt worden, bestehend aus Vierkant- und Hakenhöfen sowie Weingärtnerhäusern mit Scheuern. Vor allem die Reihung entlang der Hauptstraße und die aufwendige Gestaltung der Hoftore mit verzierten Sandsteingewänden ist ortscharakteristisch (Abb. 304). Dort sind auch zentral die »öffentlichen« Gebäude versammelt, wie Kirche und Pfarrhaus, Schule und Rathaus. In der Südhälfte überwiegen dagegen kleinere Weingärtnerhäuser, Seldner- und Kleinseldnerhäuser (Abb. 305).

Trotz einiger Neubauten ist die Vielfalt des historischen Hausbestandes und seiner Teile bedeutend: Sichtfachwerk und Putzbauten, Stein- und Holzdekor, eine geschlossene Dachlandschaft bei wechselnden Einzelformen (Steilgiebel- und langgezogene Walmdächer, wenige Mansarddächer und Schopfwalme), viel Lehmfachwerk an Scheuern, ferner typische Steinschieber an Kellerfenstern, Figurennischen und Glaskästen an den Fassaden. Für Stifterfrömmigkeit und altmainzische Tradition im Frankenland spricht nicht nur der stattliche Kirchenbau mit Einturmfassade auf Treppenunterbau, sondern auch die Vielzahl der Bildstöcke und Kreuzwegfiguren. Die Eckpunkte des erhaltenswerten Bereichs werden von Kapellen markiert: Gartel-, Friedhofs-, Haigerkapelle. Ein engerer Bereich, in dem sich die Kulturdenkmale verdichten, die Sozialtopographie gut abzulesen ist, die Baualterserhebung die älteren, auch in sich geschichteten Hof- und Hausstrukturen erkennen läßt, wird als Gesamtanlage vorgeschlagen.

Zusammenfassung und Ausblick

Ziel des Arbeitsheftes »Ortsanalyse« ist es, methodisch an Beispielen darzustellen, wie geschichtlich geprägte Bereiche in ihrer Ganzheit und in ihren Einzelelementen als Bedeutungsträger, d. h. als gebaute Quellenbelege zu verstehen sind. Erst durch Methoden der Geschichtswissenschaften erschlossen und in ihren richtigen Zusammenhang gestellt, werden sie aussagekräftig und verständlich. Es wird gezeigt, wie man bei entsprechender Vorgehensweise Aussagen über die Lage eines Ortes, die naturräumlichen, wirtschaftlichen und verkehrlichen Voraussetzungen seiner Gründung und Entwicklung erhält, wie auch die Fragen: »Wer baute wann, was, wo, wie, warum?« Aufschluß über die einzelnen Bautypen und ihre Verteilung im Ort geben. Auf diese Weise werden Kräftefelder, Hierarchien, Gliederungen, Spannungen und Ansprüche ebenso sichtbar wie kleinteilige Individualentwicklungen und Flächeneingriffe. Es werden sowohl städtebauliche Leitformen als auch der bescheidenere Hausbestand in ihrer Erscheinung verständlich, die Altersstrukturen historischer Bereiche bis hin zum einzelnen Gebäude transparent. Als Maxime kann gelten: Je aussagekräftiger historische Quellen sind, desto erhaltungswürdiger sind sie. (Dabei bleibt zu bedenken, daß heute noch nicht jede Quelle in jedem Fall richtig gelesen und dann abgelegt werden kann. Quellenerhaltung, also Ressourcensicherung, gilt demnach auch im historisch-baulichen Bereich.)

In der Praxis wird man eine historische Ortsanalyse in Ortskernen, die einen hohen Anteil an mittelalterlicher und frühneuzeitlicher Substanz haben, zweiphasig aufbauen. Es kommt in einer ersten Phase zunächst darauf an, die bereits abrufbaren, bzw. durch Begehung zu gewinnenden Erkenntnisse und Arbeitshypothesen so aufzubereiten, daß sie unmittelbar anschaulich werden und mit allen anderen Ergebnissen städtebaulicher Bestandsaufnahmen überlagert werden können. Die Verbindung von topographisch kartierbaren Daten, Fassadenabwicklungen,

Fotografien und Text, wie sie anhand der Beispiele Konstanz und Strümpfelbach gezeigt werden, kann hierfür Anhaltspunkte liefern. Die erste Phase läßt sich städtebaulichen Rahmenplänen, Stadtbild(rahmen)plänen und Dorfentwicklungskonzepten zuordnen; sie dient der Vorbereitung von Sanierungsmaßnahmen nach Städtebauförderungsgesetz (StBauFG). Ferner lassen sich erst durch ihre Ergebnisse Erhaltungssatzungen nach § 39 h BBauG, Gestaltungssatzungen nach § 73 Abs. 1 Nr. 2 LBO und Gesamtanlagensatzungen nach § 19 DSchG qualifiziert begründen.

Die Ergebnisse der Erstaufnahme müssen durch gezielte Substanzuntersuchungen (etwa Stadtkernarchäologie, Baugeschichtsforschung, restauratorische Befunduntersuchungen) und durch Befunde, die bei baulichen Maßnahmen laufend zutage treten, vertieft, fortgeschrieben bzw. korrigiert werden. Das bedeutet, daß die zweite Phase den Prozeß der Ortserneuerung begleitet und wie dieser ein kontinuierlicher Vorgang ist.

Im allgemeinen werden Bereiche des 19. und des 20. Jahrhunderts mit der Erstaufnahmephase, die durch das Studium von Schrift- und Planquellen vertieft wird, ausreichend zu bewerten sein.

Die Gemeinden sollten sich bei der Aufstellung von städtebaulichen Plänen, bei vorbereitenden Untersuchungen nach StBauFG und bei der Ausarbeitung von Satzungen, die der Erhaltung historischer Bereiche dienen, Gedanken über die Notwendigkeit historischer Ortsanalysen und deren jeweiligen Umfang machen. Historische Ortsanalysen als Teil der städtebaulichen Bestandsaufnahme und als Begründung für Erhaltungs-, Gestaltungs- und Gesamtanlagensatzungen fallen grundsätzlich in den kommunalen Aufgabenbereich. Es obliegt dem Landesdenkmalamt als Landesoberbehörde für den Denkmalschutz und als Träger öffentlicher Belange, die Gemeinden über Zeitpunkt, Art und Umfang der erforderlichen Untersuchungen zu beraten.

Literatur und Abbildungen

Literatur: *Abbildungen:*

Einführung

F. Buch, Bebaute Bereiche als Geschichtsquellen. Der historische Bestand im Spannungsfeld von Städtebau und Denkmalpflege, in: Dt. Kunst u. Denkmalpfl. 43 (1985) S. 3–8

F. Buch/R. Strobel, Denkmalpflege und Ortsbildplanung, in: M. Trieb u. a., Erhaltung und Gestaltung des Ortsbildes. Denkmalpflege, Ortsbildplanung und Baurecht, Stuttgart 1985, S. 28–50

Hg. Deutsches Nationalkomitee für Denkmalschutz, Erfassen und Dokumentieren im Denkmalschutz (= Schriftenreihe des Deutschen Nationalkomitees für Denkmalschutz Band 16) Bonn 1982

Hg. Innenministerium Baden-Württemberg, Leben mit der Geschichte. Denkmalpflege in Baden-Württemberg, Stuttgart 1984

C. Meckseper, Stadtbild, Denkmal und Geschichte. Zur Funktion des Historischen, in: Zs. f. Stadtgesch., Stadtsoz. u. Denkmalpfl. 1 (1974) S. 3–22; drs., Stadtgeschichte und Stadtentwicklung, in: Zs. f. Stadtgesch., Stadtsoz. u. Denkmalpfl. 1 (1974) S. 242–260

R. Strobel, Gesamtanlagen – Bedeutung und Aufgaben für die Denkmalpflege, in: Denkmalpflege BW 14 (1985) S. 21–32

7, 8 Aus: W. Deiseroth, Die Weststadt von Heidelberg. Ein Beispiel gründerzeitlicher Stadtteilentwicklung, in: Denkmalpflege BW 9 (1980) S. 37–50, hier Abb. 2, 31

15 Aus: B. Lohrum, H. J. Bleyer: Notizen zum Bauen und Wohnen im ausgehenden Mittelalter (1), in: Denkmalpflege BW 13 (1984) S. 96–103, hier Abb. 13

17 Aus: S. Schott, Die Bautätigkeit, in: Mannheim in Vergangenheit und Gegenwart, Bd. 3, Mannheim 1907, Faltplan S. 210/211 (Stand 1899/1903)

18 O. Scriba, Baualterskarte Bad Wimpfen, Verlag Verein Alt-Wimpfen, Heilbronn 1922

19 Aus: J. Diel, Die Tiefkeller im Bereich Oberlinden. Zeugnisse der baulichen Entwicklung Freiburgs im 12. und 13. Jahrhundert, Freiburg 1981

20 Aus: Finden statt erfinden – U. Gräf, Denkmalpflegerische Gesichtspunkte zur Rückgewinnung historischer Farbigkeit in einem Farbkonzept – H. Wengerter, Rückgewinnung historischer Farbigkeit in der Altstadt von Besigheim, in: Denkmalpflege BW 11 (1982) S. 27–32, hier Titelblatt

21 LDA, Ref. Fotogrammetrie, 1:50>1:350, 1984

Naturraum und Baumaterial Konstanz

Hg. Staatl. Archivverwaltung Baden-Württemberg, Der Landkreis Konstanz, Amtl. Kreisbeschreibung, Bd. 1, 1968, S. 5 ff.

A. Schreiner, Erläuterungen zur Geologischen Karte des Landkreises Konstanz mit Umgebung 1:50 000, Geolog. Landesamt BW 21974

R. Grünberger, Die Rorschacher Steinbrüche und Rebgärten, in: Aus Rorschachs Vergangenheit, Rorschach 1982, S. 17–21

22 Top. Karte L 8320 Konstanz 1:50 000

24 Aus: J. Oexle, Scherben sind Geschichte, Alte und neue Funde zur Konstanzer Stadtarchäologie, Konstanz 1984, S. 8

27 Steinbruch Meierhof 1924 St. Margrethen, Fa. Gautschi, Litho Gautschi AG

29 Aus: Ulrich Richental, Chronik des Konstanzer Konzils 1414–1418, hg. H. Matzke 1965, fol. 91 a

30 Aus: Weltchronik des Rudolf von Ems, um 1350 aus Kloster Rheinau, Stadtbibliothek Zürich

31 Aus: P. Motz, E. Hofmann, Das alte Konstanz 31978, S. 55 unten

Naturraum und Baumaterial Stadt

F. Huttenlocher, Baden-Württemberg. Kleine geographische Landeskunde, Karlsruhe 1960, 41971

C. Borchert (Hg.), Geographische Landeskunde von Baden-Württemberg, Stuttgart 1983 (mit Literatur)

M. Schefold, Alte Ansichten aus Württemberg, 3 Bde., Stuttgart 1957/1974; drs., Hohenzollern in alten Ansichten, 1963; drs., Alte Ansichten aus Baden, 2 Bde., Weißenhorn 1971

M. Bräuhäuser, Die Bodenschätze Württembergs, Stuttgart 1912, S. 145 ff.

M. Frank, Die natürlichen Bausteine und Gesteinsbaustoffe Württembergs, Stuttgart 1944

W. Wittmann, Rottweiler Ziegel, Stadtjugendring Rottweil 1985

33–35 Aus: Matthäus Merian, Topographia Palatinatus Rheni, 1645, S. 13; Topographia Suebiae, 1643, S. 180; Topographia Franconiae, 1648, S. 54

36 Stahlstich von J. Poppel nach K. Corradi 1848, Originalansichten . . ., Bd. 7, vgl. M. Schefold 1971, Nr. 30 831

37 Aus: Jost Ammann, Eygentliche Beschreibung aller Stände auff Erden . . . Frankfurt/Main 1568, Nachdruck München 1923, S. 86

38 Aus: Karl Hillenbrand, Ziegler in und um Schwäbisch Hall, Schwäbisch Hall 1974, S. 21

Literatur: *Abbildungen:*

Ortsgeschichte Konstanz

F. Beyerle, Das mittelalterliche Konstanz: Verkehrslage und wirtschaftliche Entwicklung, in: Syntagma Friburgense, Fs. H. Aubin 1956, S. 29–48
P. Eitel, Der Konstanzer Handel und Gütertransit im 16. und 17. Jahrhundert, in: Schweiz. Zs. f. Gesch. 20 (1970) S. 501–561
J. Leidenfrost, Die Lastsegelschiffe des Bodensees, Bodensee-Bibliothek 11, Sigmaringen 1975
H. Maurer, Konstanzer Stadtgeschichte im Überblick, Sigmaringen 1979
B. Kirchgässner, Handel und Verkehr zwischen Konstanz und Oberitalien, in: Konstanz zur Zeit der Staufer, Konstanz 1983, S. 27–42

41 Bischofspfalz, Zeichnung von Baptist Wehrle 1820
44 wie Abb. 29, fol. 74
46 Aus: F. Hirsch, Konstanzer Häuserbuch, Bd. 1, Heidelberg 1906, S. 98
47 Aus: Die Luzerner Chronik des Diebold Schilling 1513, Faksimile Luzern 1981, fol. 183 v (370)
48 Ausschnitt aus der Bodenseekarte von Georg Tibianus 1603 („wahre Abconterfethung deß weitberühmten Bodensee . . .")
49 Gouache von J. S. Dürr 1816 mit „Bodensee-Segnern", im Hintergrund Konstanz, vgl. M. Schefold 1971, Nr. 28 790

Ortsgeschichte Stadt

G. Wunder, Die Große Brunst zu Schwäbisch Hall, in: Der Haalquell 27 (1975) S. 61–62, 64
P. Schwarz, Die beiden großen Stadtbrände. 1726 in Reutlingen und 1728 in Schwäbisch Hall, in: Der Haalquell 25 (1973) S. 70–72
E. Gradmann/C. Meckseper, Kunstwanderungen in Württemberg und Hohenzollern, Stuttgart 41970, S. 364
Allgemeines zur Ortsgeschichte:
Hg. M. Miller und G. Taddey, Handbuch der Historischen Stätten Deutschlands VI, Baden-Württemberg, Stuttgart 21980
Hg. E. Keyser, Badisches Städtebuch, Stuttgart 1959 (= Dt. Städtebuch Bd. IV, Südwest-Deutschland); drs., Württembergisches Städtebuch, Stuttgart 1962

51 Holzschnitt von Hans Wandereysen, Nürnberg 1523
52 Schwäbisch Hall am 31. 8. 1728, Einblattdruck, Stadt- und Hospitalarchiv Schwäbisch Hall, aus: K. Ulshöfer, Bilder einer alten Stadt, Schwäbisch Hall 1971, S. 52
53 Schwäbisch Hall als Brandstätte 1728, Stich von J. Ph. Meyer und A. Nunzer, wie Abb. 52, S. 53
54 Schwäbisch Hall nach Wiederaufbau um 1730, Stich von F. B. Werner, wie Abb. 52, S. 55
55 Rheinhafen 1840, Zeichnung von J. Keller, Lithographie von H. Günther, vgl. Mannheim in Vergangenheit und Gegenwart Bd. 2, 1907, S. 206

Ortsbauentwicklung Konstanz

E. Reisser, Die bauliche Entwicklung und öffentliche Bautätigkeit in der Stadt Konstanz, in: Konstanz, seine baugeschichtliche und verkehrswirtschaftliche Entwicklung, hg. P. Motz 1925 (= Fs. Arch.- u. Ing. Ver. Konstanz)
A. Beck, Mauerring und Wohntürme der Altstadt Konstanz, in: Schrift. Ver. Gesch. d. Bodensees 78 (1960), S. 133–156, Plan S. 134/135
H. Maurer, Stadterweiterung und Vorstadtbildung im mittelalterlichen Konstanz, in: Stadterweiterung und Vorstadt, hg. E. Maschke und J. Sydow, 1969, S. 21–38
G. Nagel, Das mittelalterliche Kaufhaus und seine Stellung in der Stadt, Berlin 1971, S. 122–140 und Plan F
H. Maurer, Konstanz als ottonischer Bischofssitz, Göttingen 1973
H. Maurer, Felix Mater Constantia, Konstanz im 10. Jahrhundert – ein Abbild der Ewigen Stadt, in: Felix Mater Constantia, Konstanz 1975, S. 13–33
J. Oexle, Stadtkernarchäologie in Konstanz – Stand und Perspektiven, in: Archäol. Nachr. Baden 33 (1984) S. 32–40

58 Altstadtentwicklung nach H. Maurer, Hist. Atlas Baden-Württemberg IV, 7. Kartengrundlage: Stadtkarte V 239. 126, 1:5000>1:10 000
59 N. Hug 1831, aus: P. Motz, Die Neubauten der ehem. Benediktiner- und Reichsabtei Petershausen bei Konstanz im 18. Jahrhundert, in: Schrift. Ver. Gesch. d. Bodensees 79 (1961) Abb. 18, S. 50
64 N. Hug vor 1834, aus: H. Maurer, Konstanzer Stadtgeschichte im Überblick, Sigmaringen 1979, S. 48
65 Grabungsbefunde seit 1887 nach W. Erdmann und A. Zettler, Zur Archäologie des Konstanzer Münsterhügels, in: Schrift. Ver. Gesch. d. Bodensees 95 (1977) Abb. 3, S. 25, Abb. 4, S. 27 und Falttafel I
67 Ansicht 1575, aquarellierte Federzeichnung im Rosgartenmuseum, vgl. M. Schefold, Die Bodenseelandschaft 1961, Abb. 8, S. 63
68 Ansicht 1733, aus: J. F. Speth, Dreytheilige Beschreibung der . . . Stadt Constantz, 1733
70 Gemarkungskarte Konstanz 1876/80, 1:10 000>1:20 000
71 Stadtkarten V 236. 122, V 236. 126, V 239. 222, V 239. 126, 1:5000>1:20 000
72, 75, 78 Ausschnitt Brühl/Paradies Gemarkungskarte 1876/80, 1:10 000; Stadtkarten 1925/30, Nr. 12, 13, 15, 16, 17 1:2000>1:10 000; Stadtkarten 1975, V 239. 122, V 239. 126, 1:5000>1:10 000
73 wie Abb. 31, S. 118/119

Ortsbauentwicklung Stadt

L. Schmidt, Kellerkartierung und Hausforschung in Freiburg i. Br., in: Denkmalpflege BW 14 (1985) S. 112–122
C. Meckseper, Rottweil, Untersuchungen zur Stadtbaugeschichte im Hochmittelalter, 2 Bde., Diss. Stuttgart 1969
H. Meininger/H. Doerrschuck, 250 Jahre Karlsruhe, 1965, S. 21 und 27
Hg. LDA BW, Inventur. Stuttgarter Wohnbauten 1865–1915, Stuttgart 1975, S. 48–53
H. Kneile, Stadterweiterungen und Stadtplanung im 19. Jahrhundert. Freiburg, Lahr, Karlsruhe, Mannheim. Freiburg i. Br. 1978

81 Aus: H. Schäfer, Burg, Schloß und Stadt Marbach am Neckar, in: Denkmalpflege BW 9 (1980) Abb. 13/14, S. 68
82 Pürschgerichtskarte von David Rötlin 1564, Rottweil Stadtmuseum
83 Aus: R. Spörhase, Rottweil, Karten zur Entwicklung der Stadt, 1968, Tf. 3
84 Stich von J. M. Steidlein nach Zeichnung von Chr. Thran 1739, vgl. A. Valdenaire, Karlsruhe, Augsburg 1929, Abb. 1
85, 86 Stuttgart, Kolonie Ostheim, Entwurf nach Wettbewerb 1891, Architekten Gebhardt, Heim und Hengerer, Vogelperspektive und Fassadenabwicklung von Heim und Sipple, aus: E. Pfeiffer, Eigenes Heim und billige Wohnungen, Stuttgart 21896

Literatur:

Sozialtopographie Konstanz

J. Marmor, Häuserbuch, Kartei 1866 Stadtarchiv Konstanz
P. Motz, Die Rat- und Zunfthäuser in Konstanz, in: Bad. Heimat 13 (1926) S. 51–59
H. Krümmer, Die Wirtschafts- und Sozialstruktur von Konstanz in der Zeit von 1806–1850 (= Konstanzer Geschichts- und Rechtsquellen 19), 1973
H. Maurer, in: Hist. Atlas von Baden-Württemberg, Erläuterungen zu Blatt IV, 7; II.1, 1977
K. Bechtold, Zunftbürgerschaft und Patriziat (= Konstanzer Geschichts- und Rechtsquellen 26), 1981

Sozialtopographie Stadt

H. C. Rublack, Probleme der Sozialtopographie der Stadt im Mittelalter und in der frühen Neuzeit, in: Voraussetzungen und Methoden geschichtlicher Städteforschung, Städteforschung Reihe A, 7, 1979, S. 177–193
D. Denecke, Sozialtopographie und sozialräumliche Gliederung der spätmittelalterlichen Stadt, in: Über Bürger, Stadt und städtische Literatur im Spätmittelalter, hg. J. Fleckenstein u. K. Stackmann, Göttingen 1980, S. 161–202
J. Cramer, Zur Frage der Gewerbegassen in der Stadt am Ausgang des Mittelalters, in: Die Alte Stadt 11 (1984) S. 81–111
H. E. Specker, Zur Leistung und Problematik von Häuserkarteien, in: Die Alte Stadt 12 (1985) S. 10–32
M. Reiling, Berufs- und Sozialstruktur der Freiburger Bürgerschaft im 17. und 18. Jahrhundert, Diss. Freiburg i. Br. 1984, im Druck
L. Schmidt, Straßenkreuzer der Kaiserzeit. Mechanismen der Spekulationsarchitektur am Beispiel Freiburg-Wiehre, in: Denkmalpflege BW 15 (1986) S. 30–41

Baualter Konstanz

K. Finkh, Liste der Kulturdenkmale Konstanz, Mskr. 1965
F. Hirsch, Konstanzer Häuserbuch, Bd. 1, Heidelberg 1906

Baualter Stadt

Baualtersplan:
S. Schott, Die Bautätigkeit, in: Mannheim in Vergangenheit und Gegenwart, Bd. III, Mannheim 1907, S. 209–211
H. Hassinger, Kunsthistorischer Atlas . . . Wien, Wien 1916 (= Österreichische Kunsttopographie 15)
A. Klaar, Begleittext zu den Baualtersplänen österreichischer Städte Heft 1/2, Wien 1980/85
Dendrochronologie:
B. Becker, Bäume schreiben Geschichte, Kosmos Heft 11, 1982, S. 48–54
B. Becker, Dendrochronologie in der Hausforschung am Beispiel nordbayerischer Häuser, in: Jb. f. Hausforschung 33 (1983) S. 423–441
Gefügeforschung:
H. Phleps, Alemannische Holzbaukunst, Wiesbaden 1967
G. Binding, U. Mainzer, A. Wiedenau, Kleine Kunstgeschichte des deutschen Fachwerkbaus, Darmstadt 1975 (mit Literatur)
B. Lohrum, Bemerkungen zum südwestdeutschen Hausbestand im 14./15. Jahrhundert, in: Jb. f. Hausforschung 33 (1983) S. 213–297
B. Lohrum/H. J. Bleyer, Notizen zum Bauen und Wohnen im ausgehenden Mittelalter, in: Denkmalpflege BW 13 (1984) S. 96–103, 160–167
Farbiges Fachwerk:
J. Cramer, Gelbes Fachwerk, in: Denkmalpflege BW 14 (1985) S. 160–167
19./20. Jahrhundert:
Hg. St. Waetzoldt, Bibliographie zur Architektur im 19. Jahrhundert, 8 Bde., Nendeln 1977
F. Eisenlohr, Ausgeführte oder zur Ausführung bestimmte Entwürfe von Gebäuden verschiedener Gattung als Unterrichtsmittel für Gewerbe- und technische Schulen sowie für Baumeister, Karlsruhe, ca. 1858
J. Egle, Photographische Ansichten von öffentlichen Gebäuden, Wohnhäusern und Villen in Stuttgart und Umgebung, o. J.

Abbildungen:

87 Kartengrundlage wie Abb. 58
88 wie Abb. 21, 1983
99 Aus: F. Hirsch, K. Beyerle und A. Maurer, Konstanzer Häuserbuch, 2 Bde. Heidelberg 1906/1908, hier Bd. 1, Abb. S. 94

105 Aus: Hist. Atlas von Baden-Württemberg Blatt IV, 9,2 (bearb. v. A. Seiler)
109 Aus: O. Borst, Die Esslinger Altstadt, Stuttgart 1972, Abb. 4, S. 62 und drs., Geschichte der Stadt Esslingen am Neckar, Esslingen 1977, Abb. 13, S. 287 oben
110 Mannheim-Rheinauhafen, Helico gravure von Aug. Urban, Hamburg 1901, vgl. H. Gutzler, Das Rheinauer Industrie- und Hafengebiet von 1873–1914, Heidelberg 1961
111 Mannheim-Rheinau, Goldschmidt AG, Bau 23 Fabrikhallen „Altes Labor", Mühlheimer Straße 16–22, um 1880, vgl. H. Huth, Die Kunstdenkmäler in Baden-Württemberg, Stadtkreis Mannheim II, München 1982, Abb. 1144, S. 1588
112 Mannheim-Rheinau, Zwischenstraße, Doppelhäuser der Einfamilienhaus GmbH, 1901 von F. und A. Ludwig, vgl. H. Huth, Abb. 1142, S. 1586

113 Nach Liste der Kulturdenkmale, rev. von F. Meckes und R. Strobel 1984, Kartengrundlage wie Abb. 58
114 Wie Abb. 21, 1983
122 Aus: F. Kretzschmar und U. Wirtler, Das Bürgerhaus in Konstanz, Meersburg und Überlingen, Tübingen 1977 (= Das deutsche Bürgerhaus 25), Abb. 112, S. 90
123 Ausschnitt aus Katasterkarte, 1:1000>1:2000

134 Ausschnitt aus einer Altstadt-Analyse, Baualter Schwäbisch Hall, im Auftrag des Planungs- und Hochbauamtes erstellt von Architekt Günter Mann (Büro Peter Haag, Schorndorf), 1975, 1:500>1:5000
135 Ausschnitt aus Historischer Häuserkarte Wertheim, erstellt von F. Heidt und E. Langguth 1954, 1:500>1:5000
152 Flurkarte Sindelfingen 1923 mit Ergänzungen durch E. Schempp, aus: B. Becker, Der Sindelfinger Eichen-Baumringkalender, in: Sindelfinger Jb. 23 (1981), S. 276
153, 154 Aus: wie Abb. 152, S. 273 und 275
155 Aus: B. Becker, Jb. f. Hausforschung 33 (1983) S. 425
156 Entwurf Rainer Bodey, Tübingen
157 Farbige Fachwerkfelder, datierte Beispiele, Umzeichnung Zentrale Restaurierungsberatung LDA. Bereitstellung der Befunde u. a. durch J. Cramer, Darmstadt; K. Chr. Ehinger, Waiblingen; E. Hannmann, Tübingen; H. D. Ingenhoff, Tübingen; K. Kneer, Ulm; H. Reichwald, Stuttgart; H. Wengerter, Besigheim
172 Entwurf von J. Egle für Villa Knosp, 1859, Stuttgart Rotebühlstraße 72, Baurechtsamt Bauaktei
173 Aus: C. Beisbarth und J. Früh, Moderne Wohn- und Zinshäuser, Vorlagen ausgeführter mustergültiger Bauten, Ravensburg 1898–1900
174 Aus: Th. Fischer, Stadterweiterungsfragen mit besonderer Rücksicht auf Stuttgart, Stuttgart 1903, Abb. 27, S. 33
175 Aus: Theodor Fischer Wohnhausbauten, Einleitung G. Keyssner, Leipzig 1912, S. 16
176 Vgl.: W. Schirmer u. J. Göricke, Architekten der Fridericiana, Skizzen und Entwürfe seit Friedrich Weinbrenner; in: Fridericiana 18 (1975) S. 93 (= 150 Jahre Universität Karlsruhe 1825–1975)

Literatur: *Abbildungen:*

Kulturdenkmale, Gesamtanlage und erhaltenswerte Bauten Konstanz

K. Finkh, Liste der Kulturdenkmale Konstanz, Mskr. 1965 (teilw. ergänzt 1984)
E. Bloch, Geschichte der Juden von Konstanz im 19. und 20. Jahrhundert, 1971,
S. 42 ff. (zur Rosgartenstraße)

177, 178 Kartengrundlage, Fassadenabwicklung wie Abb. 58, 21
184 Kartengrundlage Stadtkarte V 239.222, V 239.126, 1:5000>1:10 000

Gesamtanlage und erhaltenswerter Bereich Stadt

H. G. Brand, Leutkirch im Allgäu als Gesamtanlage, in: Denkmalpflege BW 9 (1980)
S. 107–112. Ferner Ortskernatlas in Vorbereitung (J. Breuer)
A. Tschira, Das Stadtbild von Gernsbach, in: Bad. Heimat 24 (1937) S. 361–374
R. Wehrle, Gernsbach – wie es wurde, wie es wuchs und was es heute ist, in: Land-
kreis Rastatt, Heimatbuch 2/1975, S. 25–33
J. Breuer, Stadt Schwäbisch Gmünd, Ostalbkreis. Ortskernatlas Baden-Württem-
berg 1.2, Stuttgart 1985
J. Schlippe, Das Stadtbild von Gengenbach. in: Bad. Heimat 22 (1935) S. 269–291
Hg. P. Schaaf, Gengenbach, Vergangenheit und Gegenwart. Konstanz 1960

189 Leutkirch, Kartengrundlage FK 25 SO 6764, 6864, 1:2500>1:10 000
190, 192 Gernsbach und Gengenbach, Kartengrundlage KPK 5 Bl.Nr.7216.7 und
DGK 5 Bl.Nr.7514.31, 1:5000>1:10 000
191 Aus: Ortskernatlas Baden-Württemberg 1.2, Stadt Schwäbisch Gmünd, hg.
LDA und LVA BW, Karte III

Naturraum und Baumaterial Strümpfelbach

Hauptstaatsarchiv Stuttgart A 398 L Bü 53 (Verträge . . . von 1499–1744 Enders-
bach-Strümpfelbach)
Hg. Kgl. topogr. Bureau, Beschreibung des Oberamts Waiblingen, Stuttgart u. Tü-
bingen 1850, S. 22 ff. und 198 f. (Reprint Magstadt/Stuttgart 1963)
M. Frank, Nutzbare Gesteine, in: Erläuterungen zur Geologischen Karte, Blatt 7222
Plochingen, 1965, S. 183 ff. und Blatt 7122 Winnenden, 1971, S. 189 ff.
H. Wild, Erd- und Landschaftsgeschichte des Kreises, in: Der Rems-Murr-Kreis,
Stuttgart 1980, S. 17–51

193 Top. Karte L 7320/7322, 1:50 000, themat. ergänzt durch F. Wurm, Geolog.
Landesamt BW, Zweigst. Stuttgart
194 Senkrechtaufnahme Landesvermessungsamt, 1:25 000, Bild Nr. 205, freig.
21/81 vom 16. 6. 1981
196 Holzmacher im Walddistrikt Schachen, 1912, Museum Strümpfelbach, vgl. S.
Weishaar, Strümpfelbach im Remstal, Leinfelden – Stuttgart, 1966, S. 148
197 bis 200 Stellmacher, Schindelmacher aus dem Mainhardter Wald, Steinbruch-
arbeiter in Bürg b. Winnenden, Foto Württ. Landesbildstelle 17 907, 45 540 (1950),
K 9/52 und K 9/36 (1963)

Naturraum und Baumaterial Dorf

O. Wittmann, Über die herkömmlichen Bau- und Werksteine in Dörfern des südli-
chen Markgräflerlandes (Landkreis Lörrach) und Bemerkungen zur Baugeschichte von Markgräfler Dörfern, in: Regio Basiliensis 12 (1971) S. 7–55
W. Landzettel, Deutsche Dörfer, 1982, S. 266 u. 262

204 Sog. Petrarcameister, aus: M. T. Cicero, De officiis, deutsch, Augsburg 1531, S.
46^v
209 Foto LDA Stuttgart 1925, vgl. H. Kolesch, Das altoberschwäbische Bauernhaus
^{2}1967, Abb. 9, S. 35

Ortsgeschichte und Ortsbauentwicklung Strümpfelbach

S. Weishaar, Strümpfelbach im Remstal, Leinfelden – Stuttgart 1966

210 Kartengrundlage FK 25 NO 2620, 2621, 1:2500>1:10 000, themat. ergänzt
nach S. Weishaar, S. 126/127
211, 212 FK 25 wie Abb. 210, Erstaufn. 1832, bzw. Ausgabe 1980
213 wie Abb. 222

Ortsgeschichte und Ortsbauentwicklung Dorf

W. Saenger, Die bäuerliche Kulturlandschaft der Hohenloher Ebene und ihre Entwicklung seit dem 16. Jahrhundert, Remagen 1957 (= Forsch. dt. Lkd. 101) S. 82
ff., 113 ff., 125 ff.
H. G. Brand, Geschichte und Strukturwandel des Dorfes in Oberschwaben, in: Denkmalpflege BW 10 (1981) S. 13–20

219 Aus: E. Schmidt, Ein dreischiffiges Hallenhaus aus der mittelalterlichen Wüstung in Ulm-Eggingen, in: Denkmalpflege BW 13 (1984) Abb. 4/5, S. 175/176
220 Ölbild von F. Kobell 1784, Heidelberg, Kurpfälz. Museum
222 Aus: A. Kieser, Forstlagerbuch des Reichenberger Forsts, 1685, HStA Stuttgart, vgl. H. M. Maurer u. S. Schiek, Alt-Württemberg in Ortsansichten und Land-
karten von Andreas Kieser 1680–1687, Stuttgart 1985, Bd. 2, 14,3
223 Aus: H. Grees und Mitarbeiter, Dorfentwicklung Breitenholz Gemeinde Ammerbuch. Örtliches Entwicklungskonzept, Tübingen 1984, nach S. 10

Sozialtopographie Strümpfelbach

Beschreibung des OA Waiblingen 1850, S. 201

224 Kartengrundlage wie Abb. 210
225 wie Abb. 21, 1981
227 Zeichnung Heimatmuseum Strümpfelbach, ehem. Haus Nr. 63 a

Literatur:

Abbildungen:

Sozialtopographie Dorf

A. v. Oechelhaeuser, Die Kunstdenkmäler der Amtsbezirke Sinsheim, Eppingen und Wiesloch, Tübingen 1909, S. 15–20 (= Die Kunstdenkmäler des Großherzogtums Baden 8, Kreis Heidelberg)

H. Grees, Ländliche Unterschichten und ländliche Siedlung in Ostschwaben, 1975 (= Tüb. Geogr. Studien 58); drs., Amtl. Kreisbeschreibung ehem. Kreis Ulm, 1972, S. 457–460

243 Vgl. H. Schweizer, Der Grünkernanbau im Frankenland, in: Bad. Heimat 41 (1961) S. 81–85

244 Aus: I. u. G. Schöck, Häuser und Landschaften in Baden-Württemberg, Stuttgart 1982, Abb. 54b, S. 109

245 Aus: H. Grees 1972, S. 458 bzw. 1975, Karte 41, S. 251

Baualter Strümpfelbach

A. Schahl, Die Kunstdenkmäler des Rems-Murr-Kreises, München 1983, II, S. 1389–1425 (= Die Kunstdenkmäler in Baden-Württemberg, hg. LDA)

252 Kartengrundlage wie Abb. 210

257 wie Abb. 21, 1981

Baualter Dorf

A. Schahl, Fragen der oberdeutschen Hausforschung, erläutert am Beispiel einer Häuserliste der Herrschaft Kißlegg, in: Württ. Jb. f. Volkskunde 1957/58, S. 135–155

J. R. Frank, Geschnitzte Eckpfosten an Hohenlohischen Bauernhöfen. Eine alte Zimmermannskunst, in: Denkmalpflege BW 8 (1965) S. 107–110

N. Gauss, Baualteranalyse und Haustypologie. Dargestellt am Beispiel Schoppernau im Bregenzerwald, Vorarlberg, in: Österr. Zs. Kst. u. Dpfl. 39 (1985) S. 60–69

266 Aus: Beschreibung der Häuser in der Herrschaft Kißlegg, Fürstl. Waldburg-Wolfegg'sches Gesamtarchiv Wolfegg, Sign. WoKi 1388

267 Aus: Einschätzungstabelle Britzingen (Müllheim-Britzingen) 1908

268 Aus: F. Feucht, Die ländlichen Haus- und Hofformen des Markgräflerlandes, Diss. Freiburg i. Br. 1972, Karten-Anhang im Geogr. Inst. 2.22, dazu S. 98

275, 277 Aus: H. Mehl, Dorf und Bauernhaus in Hohenlohe-Franken, Schwäbisch Hall 1983, S. 104 (= Schriften des Hohenloher Freilandmuseums, Dok. 1)

Kulturdenkmale, Gesamtanlage und erhaltenswerte Bauten Strümpfelbach

LDA, Listen-Entwurf der Kulturdenkmale, Stand 1979

A. Schahl, Die Kunstdenkmäler des Rems-Murr-Kreises, S. 1389–1425

287 Kartengrundlage wie Abb. 210

290 wie Abb. 21, 1981

Gesamtanlage und erhaltenswerter Bereich Dorf

LDA, Listen-Entwürfe der Kulturdenkmale

K. Seith, Der Besitz Basler Klöster im Dorf und Bann Oetlingen, in: Das Markgräflerland 17 (1955) S. 95–114; 18 (1956) S. 1–11

L. Rothermel, Königheim, Geschichte eines fränkischen Dorfes, Tauberbischofsheim 1930

K. Hornich, Die bäuerliche Kulturlandschaft des Tauberlandes, Diss. Tübingen 1965, S. 34 f.

299 Kartengrundlage DGK 5 Bl. Nr. 8311.26, 1:5000>1:10 000

302 Kartengrundlage DGK 5 Bl.Nr. 6323.28, 6323.34, 1:5000>1:10 000

Abbildungsnachweis

1. Kartengrundlagen

Hg. Landesvermessungsamt Baden-Württemberg, Stuttgart und Karlsruhe, Vervielfältigung genehmigt unter Az.: 5.11-KA/33; 5.11/290; 5.14-KA/6; 5.12-KA/200; 2.05/165; 4.47/2252.
Abb. 7, 22, 189–194, 210–212, 224, 252, 287, 299, 302
Hg. Vermessungs- und Liegenschaftsamt Konstanz, Vervielfältigung genehmigt unter Az.: 6253-00-sg-fr.
Abb. 58, 70–72, 75, 78, 87, 113, 123, 177, 184
Hg. Stadtvermessungsamt Sindelfingen, Vervielfältigung genehmigt am 3. 6. 1985: Abb. 152
Soweit bei den Abbildungen nicht anders vermerkt, Thematisierung durch das Landesdenkmalamt Baden-Württemberg

2. Bildvorlagen/Fotos

Stadtarchiv Baden-Baden: Abb. 56, 57
Luftbild A. Brugger, Stuttgart: Abb. 1, freigeg. d. Innenenministerium BW Nr. 2/6005
J. Frank, Schwäbisch Hall: Abb. 275
Stuttgarter Luftbild Elsäßer GmbH: Abb. 5, freigeg. d. Reg. Präs. Stuttgart Nr. 9/65567
Kurpfälzisches Museum Heidelberg: Abb. 220
H. Hell, Reutlingen: Abb. 82
Baurechtsamt Konstanz: Abb. 91, 128, 130, 132
Rosgartenmuseum Konstanz: Abb. 28, 41, 42, 48, 49, 62, 67, 68, S. 17
Stadtarchiv Konstanz (SLg. Foto Wolf): Abb. 31, 32, 43, 50, 66, 73, 76, 181
B. Lohrum, Ettenheimmünster: Abb. 14, 15
Stadtarchiv Mannheim: Abb. 110
Germanisches Nationalmuseum Nürnberg: Abb. 51
A. Rettich, Konstanz: Abb. 61
Planungs- und Hochbauamt Schwäbisch Hall: Abb. 134
Luftbild Sokolowski, Konstanz: Abb. 69, 79, 185–188, freigeg. d. Reg. Präs. Freiburg Nr. 38/3684-9; 38/3571-34; 38/2373-1; 38/3163-28; 38/3575-26; 38/3573-122
Hauptstaatsarchiv Stuttgart: Abb. 213, 222
Stadtarchiv Stuttgart: Abb. 39
Stadtplanungsamt Stuttgart: Abb. 9
Württembergische Landesbibliothek Stuttgart: Abb. 33–35, 170, 171, 204
Württembergische Landesbildstelle Stuttgart: Abb. 197–200, 214–217, S. 61
Luftbild Thorbecke, Lindau: Abb. 23, freigeg. d. Luftamt Südbayern Nr. 5-6144
Weinstadt-Strümpfelbach, Heimatmuseum: Abb. 196, 227
Staatsarchiv Wertheim: Abb. 143
Zentralbibliothek Zürich, Handschriftenabteilung: Abb. 30
Alle übrigen Aufnahmen Landesdenkmalamt Baden-Württemberg

Veröffentlichungen des Landesdenkmalamtes Baden-Württemberg

Bau- und Kunstdenkmalpflege

**Forschungen und Berichte
der Bau- und Kunstdenkmalpflege
in Baden-Württemberg**

Band 1 (vergriffen)

Band 2

Reinhard Lieske
**Protestantische Frömmigkeit
im Spiegel der kirchlichen Kunst
des Herzogtums Württemberg**
Deutscher Kunstverlag
München / Berlin 1973

Band 3 (vergriffen)

Band 4 (vergriffen)

Band 5

**Der Altar des 18. Jahrhunderts –
Das Kunstwerk in seiner Bedeutung
und als denkmalpflegerische Aufgabe**
Deutscher Kunstverlag
München / Berlin 1978

Band 6

**Historische Gärten und Anlagen
als Aufgabengebiet der Denkmalpflege**
Verlag Ernst Wasmuth
Tübingen 1978

Fundberichte
aus Baden-Württemberg

E. Schweizerbart'sche
Verlagsbuchhandlung
(Nägele und Obermiller)
Stuttgart

Band   1, 1974

Band   2, 1975

Band   3, 1977

Band   4, 1979

Band   5, 1980

Band   6, 1981

Band   7, 1982

Band   8, 1983

Band   9, 1984

Band 10, 1986

Die Kunstdenkmäler
in Baden-Württemberg

**Die Kunstdenkmäler
des ehemaligen
Oberamts Ulm –
ohne die Gemarkung Ulm**
Bearbeitet von
Hans Andreas Klaiber und
Reinhard Wortmann
Deutscher Kunstverlag
München / Berlin 1978

**Die Kunstdenkmäler
des Stadtkreises Mannheim**
Bearbeitet von
Hans Huth,
mit Beiträgen von
E. Gropengießer, B. Kommer,
E. Reinhard, M. Schaab
Deutscher Kunstverlag
München / Berlin 1982

Adolf Schahl
**Die Kunstdenkmäler
des Rems-Murr-Kreises**
Deutscher Kunstverlag
München / Berlin 1983

Ortskernatlas
Baden-Württemberg

Vertrieb:
Landesvermessungsamt Baden-Württemberg

Heft 1.1

Stadt Esslingen am Neckar
Stuttgart 1985

Heft 1.2

Stadt Schwäbisch Gmünd
Stuttgart 1985

Heft 1.3

Stadt Schwäbisch Hall
Stuttgart 1986

Heft 2.1

Stadt Ladenburg
Stuttgart 1984

Archäologische
Denkmalpflege

**Forschungen und Berichte
der Archäologie des Mittelalters
in Baden-Württemberg**

Vertrieb:
Verlag Ernst Wasmuth, Tübingen

Band 1

Günter P. Fehring
**Unterregenbach –
Kirchen, Herrensitz, Siedlungsbereiche**
Stuttgart 1972

Band 2

Antonin Hejna
**Das »Schlößle« zu Hummertsried –
Ein Burgstall
des 13. bis 17. Jahrhunderts**
Stuttgart 1974

Band 3

Barbara Scholkmann
**Sindelfingen / Obere Vorstadt –
Eine Siedlung
des hohen und späten Mittelalters**
Stuttgart 1978

Band 4

**Forschungen und Berichte
der Archäologie des Mittelalters
in Baden-Württemberg**
Stuttgart 1977

Band 5

Hans-Wilhelm Heine
**Studien zu Wehranlagen
zwischen junger Donau und
westlichem Bodensee**
Stuttgart 1979

Band 6

**Forschungen und Berichte
der Archäologie des Mittelalters
in Baden-Württemberg**
Stuttgart 1979

Band 7

**Forschungen und Berichte
der Archäologie des Mittelalters
in Baden-Württemberg**
Stuttgart 1981

Band 8

**Forschungen und Berichte
der Archäologie des Mittelalters
in Baden-Württemberg**
Stuttgart 1983

Sämtliche Veröffentlichungen können nur über den Buchhandel bezogen werden.

Forschungen und Berichte zur Vor- und Frühgeschichte in Baden-Württemberg

Kommissionsverlag:
Konrad Theiss Verlag, Stuttgart

Band 1

Rolf Dehn
Die Urnenfelderkultur in Nordwürttemberg
1972

Band 2

Eduard Neuffer
Der Reihengräberfriedhof von Donzdorf (Kreis Göppingen)
1972

Band 3, I

Robert Koch
Das Erdwerk der Michelsberger Kultur auf dem Hetzenberg bei Heilbronn-Neckargartach
im Druck

Band 3, II

Alix Irene Beyer
**Die Tierknochenfunde.
Das Erdwerk der Michelsberger Kultur auf dem Hetzenberg bei Heilbronn-Neckargartach**
1972

Band 4, I

Gustav Riek
Das Paläolithikum der Brillenhöhle bei Blaubeuren (Schwäbische Alb)
1973

Band 4, II

Joachim Boessneck,
Angela von den Driesch
Die jungpleistozänen Tierknochenfunde aus der Brillenhöhle
1973

Band 5

Hans Klumbach
Der römische Skulpturenfund von Hausen an der Zaber (Kreis Heilbronn)
1973

Band 6

Dieter Planck
**ARAE FLAVIAE I.
Neue Untersuchungen zur Geschichte des römischen Rottweil
(Text- und Tafelband)**
1975

Band 7

Hermann Friedrich Müller
**Das alamannische Gräberfeld von Hemmingen
(Kreis Ludwigsburg)**
1976

Band 8

Jens Lüning,
Hartwig Zürn
**Die Schussenrieder Siedlung im »Schlößlesfeld«
(Markung Ludwigsburg)**
1977

Band 9

Klemens Scheck
**Die Tierknochen aus dem jungsteinzeitlichen Dorf Ehrenstein
(Gemeinde Blaustein, Alb-Donau-Kreis)**
Ausgrabung 1960
1977

Band 10

Peter Paulsen,
Helga Schach-Dörges
**Das alamannische Gräberfeld von Giengen an der Brenz
(Kreis Heidenheim)**
1978

Band 11

Wolfgang Czysz, Hans Heinz Hartmann,
Hartmut Kaiser, Michael Mackensen,
Günter Ulbert
Römische Keramik aus dem Vicus Wimpfen im Tal
1981

Band 12

Ursula Koch
Die fränkischen Gräberfelder von Bergen und Berghausen in Nordbaden
1982

Band 13

Mostefa Kokabi
**ARAE FLAVIAE II.
Viehhaltung und Jagd im römischen Rottweil**
1982

Band 14

Udelgard Körber-Grohne, Mostefa Kokabi,
Ulrike Piening, Dieter Planck
Flora und Fauna im Ostkastell von Welzheim
1983

Band 15

Christiane Neuffer-Müller
Der alamannische Adelsbestattungsplatz und die Reihengräberfriedhöfe von Kirchheim am Ries (Ostalbkreis)
1983

Band 16

Eberhard Wagner
Das Mittelpaläolithikum der Großen Grotte bei Blaubeuren
1983

Band 17

Joachim Hahn
Die steinzeitliche Besiedlung des Eselsburger Tales bei Heidenheim
1984

Band 18

Margot Klee
**ARAE FLAVIAE III.
Der Nordvicus von Arae Flaviae**
1986

Band 19

Udelgard Körber-Grohne, Hansjörg Küster
HOCHDORF I
1985

Band 20

Studien zu den Militärgrenzen Roms III
Vorträge des 13. Internationalen Limeskongresses Aalen 1983
1986

Band 22

Gerhard Fingerlin
Dangstetten I, Katalog der Funde
(Fundstellen 1–603)
1986

Materialhefte zur Vor- und Frühgeschichte in Baden-Württemberg

Heft 1

Christian Uhlig
Zur paläopathologischen Differentialdiagnose von Tumoren an Skeletteilen
1982

Heft 3

Kurt Gerhardt
Anatomie für Ausgräber und Sammler
1985

Heft 4

Berichte zu Ufer- und Moorsiedlungen Südwestdeutschlands 1
1984

Heft 5

Veronika Gulde
Osteologische Untersuchungen an Tierknochen aus dem römischen Vicus von Rainau-Buch (Ostalbkreis)
1985

Heft 6

Helga Liese-Kleiber
Pollenanalysen in der Ufersiedlung Hornstaad-Hörnle I.
Untersuchungen zur Sedimentation, Vegetation und Wirtschaft in einer neolithischen Station am Bodensee
1985

Heft 7

Berichte zu Ufer- und Moorsiedlungen Südwestdeutschlands 2
1985

Heft 8

Inken Jensen
**Der Schloßberg von Neuenbürg.
Eine Siedlung der Frühlatènezeit im Nordschwarzwald**
1986

Sämtliche Veröffentlichungen können nur über den Buchhandel bezogen werden.